Domino MILOT

Deuxième décennie
Adolescence refusée

Témoignage

Editions Amalthée

Du même auteur

Première décennie, Survivre, Ed. Amalthée, 2007

Consultez notre site internet

Pour tout contact :
Editions Amalthée — 2 rue Crucy — 44005 Nantes Cedex 1
www.editions-amalthee.com

PRÉFACE

Nous sommes le mercredi 28 mai 2003, je n'ai pas encore finalisé mes précédents écrits ; je n'ai donc aucun avis, aucun conseil, aucune critique qui puisse éclairer ma lanterne, mais, tant pis, je pars à l'assaut de la deuxième décennie, je verrais bien.

Et à la grâce de Dieu.

Nous sommes le 9 novembre 1970 et le repas de midi restera à jamais gravé dans ma mémoire. En effet, la nouvelle tombe : le général de Gaulle n'est plus. Mon père refuse d'y croire et monte le son de la radio, puis l'éteint, estime qu'à cet instant précis, la minute de silence devait être respectée. Pour moi, il ne s'agissait que d'un homme de grande taille, une évidence même, puisque mon pandore ne cessait de m'appeler par ce nom à cause de ma taille, cela va de soi.

Cela dit, il est vrai qu'à la radio le général était souvent cité pour ses actes héroïques, son caractère en acier trempé et son refus de parler en anglais ou pour le parler mal volontairement. Oui, il faut en convenir, le général de Gaulle était un grand homme. À cette annonce, mon pandore resta engourdi pour le reste de la journée. Je me souviens qu'un deuil national de trois jours fut décrété, la radio réduisait ses diffusions musicales et la télévision faisait de même, au grand dam des premiers névrosés du petit écran. Chez nous, pas de problème, ne l'ayant pas encore. Je me rappelle avoir suivi la retransmission des funérailles chez Reine. Étonnée par le comportement paternel, ce même soir, je lui demande : « Pourquoi autant de tristesse pour cet homme qui, familialement parlant, ne t'est rien ? »

Sa réponse fut longue, pleine de fougue, la machine s'emballait : « Tu ne peux pas comprendre. Quand nous étions en Algérie, ce mec-là représentait notre salut ou notre mort, on piaffait d'impatience d'en découdre avec les ratons, on rêvait d'entendre un ordre précis, il ne l'a jamais donné. Bon, c'était son choix. Mais de Gaulle, c'était quand même quelqu'un. C'est grâce à sa femme si tu n'as pas crevé de faim, elle n'a pas répondu à mon courrier, mais elle a agi, ce qui est plus important, tu comprends ? La famille, les nourrices ne pouvaient pas te larguer, et si ça s'était produit, t'aurais été pupille de la nation, parce que même l'Assistance publique n'aurait eu aucun droit. Non, vraiment, ces de Gaulle sont des gens bien. Je ne sais pas ce que l'avenir nous réserve, mais là, on vient de perdre gros. »

Le fait est, qu'au travers du petit écran, au moins pour cet après-midi-là, j'avais eu l'impression que la France s'était réunie dans le village de Colombey-les-Deux-Églises, bien trop petit pour l'accueillir tout entière.

Un mois plus tard, notre premier poste de télévision faisait son entrée dans l'appartement. On ne sait jamais, si la grippe revenait, on s'ennuierait moins à Noël.

Le mois de décembre arrive enfin ! Non pas pour les cadeaux que je peux éventuellement recevoir, mais tout simplement parce qu'une fois que cette période est là, la morosité me quitte. Eh oui, la solitude me pèse tant parfois, qu'elle finit par m'angoisser avec l'horrible sensation d'être engloutie tout entière par celle-ci. Vraiment, c'est fort pénible d'être enfant unique. Personne à qui parler, personne avec qui partager quelques jeux qui tueraient l'ennui, personne pour écouter certains secrets à mi-chemin entre l'enfance et l'adolescence, et, surtout, personne avec qui les échanger ou les comparer, et enfin, personne avec qui rire des simagrées de nos aînés, des soi-disant adultes, particulièrement ceux qui m'entourent, et la mère en tête. Je vous assure qu'il y a de quoi se poser des questions.

En effet ! Cette dame n'en peut plus de sa mise, de son paraître. Avec le recul, je réalise qu'elle avait quarante-trois ans à l'époque, tout comme moi aujourd'hui, mais la grande différence, c'est que, par ces écrits, je tente désespérément de combattre mes douleurs, mes souffrances et, par là même, j'essaye d'oublier sans savoir si j'y parviendrais un jour, alors qu'elle, son grand souci, sa seule et unique préoccupation de l'époque, c'était de paraître jeune coûte que coûte, même si elle devait irrémédiablement enterrer mon adolescence à peine déclarée. Il faut dire qu'elle pouvait s'en donner à cœur joie à mes dépens. Elle ne faisait qu'1,55 mètre, 40 kg, pas un cheveu blanc. Et moi, du haut de mes 1,73 mètre, 57 kg, 85 centimètres de tour de poitrine et sûrement autant de tour de hanches, je n'avais pas encore douze ans et étais malheureuse comme les pierres, ne sachant que faire cette grande carcasse.

J'aimerais tant pouvoir jouer comme les autres. Je n'ai déjà pas eu d'enfance, pourquoi le sort s'acharne-t-il sur moi de la sorte ? « Regardez-moi ça, cette grande bécasse ! » se plaisait-elle à répéter sans cesse. Aucune compassion, juste de la moquerie en permanence. Quand nous allions m'acheter un pantalon (pattes d'éléphant, c'était la mode, je n'avais pas le choix), elle s'empressait d'acheter le même. Les maillots, les pulls, les sous-vêtements, tout y passait et devait impérativement être identique, même en couleurs. C'était elle qui faisait SON choix, ça devait lui plaire à elle et non à moi, je n'avais rien à dire et, surtout, je ne devais rien dire ; en aucun cas, je ne devais me plaindre ou manifester le moindre désir.

Dans la rue, elle jouait les midinettes. Quand par malheur, et pour ma plus grande honte, nous rencontrions l'une de ses anciennes copines de travail, c'était très souvent devant les magasins sur le trottoir à heure de grande affluence, et ces dames donnaient de la voix à n'en plus finir. Il fallait absolument que le monde admire sa beauté, sa jeunesse ; et moi, pauvre caricature à ses côtés, comme je faisais vieille en insistant tout particulièrement sur ce mot ! « Oh ! merde, Rosemonde, qu'est-ce que tu es bien ! Ta guenon fait plus vieille que toi ! » lui disait-elle très fort, et la mère enfonçait le clou : « Ouais, t'as vu ça ! On lui donnerait plus de vingt ans. » Je ne disais rien, mais je voyais les gens se retourner sur nous pour nous dévisager de la tête aux pieds. J'aurais voulu être une petite souris pour pouvoir me cacher, mais c'était impossible. De plus, j'étais toujours très mal chaussée, de mocassins grossiers ultra-plats et, elle sur de hauts talons pour réduire notre différence de taille. Cela me fait tout drôle de raconter cette expérience qui était si pénible à vivre. Mais, avec du recul, je me rends compte à quel point j'en souffrais, en silence toujours, c'était inévitable. Ce cirque n'était réservé que pour les balades à deux, modernes, affranchies, j'oserais presque dire « racoleuse », la concernant. Je la voyais sous mon nez tanguer de droite à gauche ou lancer des œillades incendiaires aux jeunes hommes entre vingt-cinq et trente-cinq ans. Comme j'avais honte, j'étais mal à l'aise. En revanche, quand je me retrouvais seule, tous les vieux vêtements étaient suffisamment convenables pour moi.

Comble de la folie, de la rêverie ou de la stupidité – mais preuve parfaite de l'immaturité de ma mère – lorsque nous subissions, le mardi soir, la séance SISSI. Le mercredi, je passais toute la matinée sous le sèche-cheveux avec de gros bigoudis, pour détendre cette tignasse trop frisée presque crépue qui me descendait jusqu'aux cuisses. Ensuite, venait le temps de la coiffure qui demandait plus de deux heures, puis la descente aux Enfers dès l'ouverture de l'épicerie, où j'étais envoyée *illico presto* pour acheter la livre de beurre qui faisait tant défaut, alors qu'elle était incapable de vous faire cuire un œuf sur le plat. Il y avait alors des spectatrices accoudées à leurs fenêtres, la mère en tête. Certaines me plaignaient, d'autres m'accordaient leur pitié, la troisième catégorie – et la plus virulente aussi – commentait la nouvelle coiffure à grand renfort de : « Tourne-toi à droite, retourne-toi à gauche, et ceci et cela. » Si je n'obtempérais pas sur-le-champ, ça se transformait en : « Quelle connasse, cette môme-là, espèce de conne, grande bourrique, tu vas faire ce qu'on te dit, oui ou merde ? ! » C'était d'une tendresse, d'un poétique, qui ne correspondait absolument pas à l'époque de la coiffure. C'était d'une méchanceté renversante contre laquelle je ne pouvais rien faire, si ce n'était subir et attendre docilement que ces dames en eussent fini avec moi, qu'elles eussent fini de baver, de complimenter copieusement la mère, pour que celle-ci vînt enfin m'ouvrir la porte pour que je pusse aller dans la chambre cacher ma honte et mon désespoir. Elle m'obligeait déjà à porter des anglaises (sorte de grandes boucles longues), tous les jours de la semaine. Je n'avais pas besoin de ces séances supplémentaires. Non contente d'être des femmes sans instruction, elles étaient d'une bêtise à faire trembler le monde et, pour l'avoir vécu, je vous assure que ces termes ne sont pas exagérés. À toutes les mères du monde, je vous en supplie ! vos enfants ne sont pas des jouets, en particulier vos filles, fichez-leur la paix ! Permettez-nous simplement d'exister et éventuellement de VIVRE !

Les vacances de Pâques se terminent et le jour de ma profession de foi arrive à grands pas, en tout cas bien trop vite pour la mère qui commence à grimper aux murs, éternelle insatisfaite et madone des lamentations accomplie. Le pandore restait serein et je découvrais en lui un organisateur hors pair, à fignoler les moindres détails tel un chef d'orchestre ou un metteur en scène.

Mes dix ans avaient débuté par un rêve tout éveillé que sont les Alpes, me laissant à l'âme un souvenir encore bien vivant des années plus tard. Mes onze ans, malgré les excentricités de la mère, restent très marqués par ma communion qui représentait trois fêtes à la fois. En effet, il y avait également la fête des Mères et la Pentecôte. Tout cela se déroulait le dernier week-end de mai. À cette époque, les églises du pays se remplissaient encore bien, voire beaucoup, et nous étions si nombreux que le prêtre devait assurer deux cérémonies consécutives, l'une à 9 heures 30, l'autre à 11 heures. Pour ce faire, les catéchistes nous classaient par ordre alphabétique. Je n'en étais pas satisfaite et je réussis à m'arranger avec un camarade d'origine espagnole dont la famille faisait un long voyage pour être à ses côtés en ce jour béni. De fait, me voici transférée à la première heure.

Nous pénétrons en procession dans l'édifice, au son de l'accordéon, de la guitare et de l'orgue, nos chants d'allégresse montent vers les voûtes éclairées par les vitraux que transperce le soleil. Pour éviter de voir les têtes des familles se balancer de droite à gauche, mon père curé, aidé de sa bonne et des catéchistes, avait, pour la circonstance, réaménagé entièrement l'intérieur de l'église. Ainsi, les invités étaient placés latéralement. De cette façon, nous étions vus de tous. Chaque mouvement et chaque déplacement avaient été réfléchis, pensés soigneusement, afin de réussir une cérémonie grandiose tout en préservant le recueillement des communiant(e)s. Pour clore cette magnifique messe, nous sortons également en procession chantante, accueillis sur le parvis par nos familles. Nous sommes ensuite regroupés pour les besoins des photographes amateurs, car, bien entendu, chacun désirait faire le plus beau cliché.

La clique Milot et moi-même sommes retournées à la maison à pied. Pour la circonstance, Chantal et son mari étaient venus de Paris en train et repartaient vers 15 heures. Aucun temps mort n'était donc envisageable. (On ne sait jamais, Paris aurait pu s'envoler sans eux.) Pendant que les adultes prenaient l'apéritif, je devais m'exhiber auprès du voisinage, leur portant dragées et cartes religieuses. En contrepartie et pour me remercier d'avoir pensé à eux, les voisins concernés me donnèrent l'obole, à peu près le franc symbolique. La mère avait sorti sa longue nappe blanche avec ses serviettes (que je ne revis jamais), son beau service en faïence verte et blanche, accompagné de la ménagère du dimanche (avait-elle coutume de dire). C'était bien la première fois que la maison était aussi pleine. Dans la salle à manger, nous avions juste de quoi nous déplacer de nos chaises à la table, mais, malgré cela, tout le monde semblait heureux d'être là. J'allai avoir douze ans le 2 septembre et, depuis toutes ces années, ce fut ma première once palpable de bonheur familial. Cette once-là, je la dorlote, je l'ai bénie chaque jour que Dieu fait, car ce souvenir a le don d'adoucir toutes mes meurtrissures.

L'après-midi, rendez-vous était donné à chacun dans une grande salle communale (appelée de nos jours « Foyer rural »), pour continuer la fête qui ne se terminera que le lundi de Pentecôte, dans la journée, après avoir assisté à une deuxième messe, toujours en toilette de communiante, qui, soit dit en passant, avait été faite sur mesure, à cause de ma grande taille, dans l'un des magasins parisiens (Printemps). Pourquoi tant de cérémonies religieuses ? Pour ceux qui ne savent pas ou tout simplement ne se souviennent pas, la Pentecôte est la cinquième fête religieuse après l'Épiphanie, Mardi gras, Pâques et l'Ascension. Cet événement n'est pas moindre puisqu'il représente la descente du Saint-Esprit sur les apôtres. Eh oui, tous les catholiques savent cela, nous croyons au Père, au Fils et au Saint-Esprit. À tort ou à raison, mais c'est notre foi ! Voilà le mardi, je retourne à l'école en communiante pour offrir des dragées, cartes et photos à notre brave directrice qui, à soixante-quinze ans, prend à contrecœur sa retraite à la fin de l'année scolaire ; mais à ce moment-là, je ne veux pas y penser.

Je pense également à mon institutrice, une vieille fille adorable et très avant-gardiste. Ces quelques dragées lui font plaisir et c'est le principal. Le jeudi, ce vent de folie se calme enfin et c'est dommage, car une autre tempête pointe à l'horizon. En effet, Jean, le mari de Reine (je dois dire qu'en cas de pépin, je ne devrais même plus les présenter puisqu'à chaque fois, les misères arrivent toujours par eux. Où est le temps où l'on tuait les porteurs de mauvaises nouvelles ?) arrête mon pandore sur le parking afin de lui dire qu'il en a par-dessus la tête d'être interpellé dans le magasin de la résidence pour s'entendre dire que sa nièce est une gosse martyre et que si cela continue, il finirait par appeler les flics. En ce qui me concerne, nous sommes jeudi, je suis à l'école sur mon petit nuage bleu, entourée de gens qui m'apprécient pour ce que je suis, une adolescente vive, généreuse, intelligente et, pour couronner le tout, habitée d'une foi sincère. Nous préparons le départ de notre mademoiselle Caron. Celle-ci, ayant toujours travaillé dans le privé (c'est une sœur) et, les versements de retraites n'étant pas ceux qu'ils sont de nos jours, après avoir consacré plus de cinquante-cinq ans aux autres, risquait de mourir de faim dans le dénuement le plus absolu. C'était donc avec une fervente volonté que nous faisions du porte-à-porte pour récolter des fonds que le père d'une de nos camarades, à l'époque, directeur comptable à la Caisse d'Épargne, s'empressa de placer afin de lui assurer à peu près mille francs par mois ! Comme quoi les temps ont bien changé. Souvent tant mieux ; mais quel dommage parfois !

Le retour à la maison se fait dans la joie. Deux copines de classe prennent le même trajet que moi et notre discussion est très animée et teintée d'inquiétude à l'idée de perdre cette directrice que nous aimons tant. Tout le monde fait jouer de ses relations pour l'installer au mieux. Le père de Véronique, qui s'occupe d'une maison de retraite, réussit, malgré les maigres ressources dont disposera notre vieille demoiselle, à l'y faire inscrire. Bienheureuse initiative en vérité, car la grande dame devait vivre encore huit ans après son départ en retraite.

Arrivée à la maison, la porte s'ouvre à la volée et la mère me crie : « Ah ! Te voilà, la gosse martyre ! » Je rentre complètement éberluée. Elle referme derrière moi et me plaque contre la porte me tapant la tête contre celle-ci et me cognant dessus à coups de poing. Entre-deux, je regarde dans la cuisine et là, je découvre non pas un mais deux rapaces (la mégère et Reine) qui l'encouragent à frapper plus fort encore. Je pleure, je ne comprends rien, je réussis à la repousser. Elle serre les dents et me dit :

— Allez, crie plus fort qu'on t'entende bien. Allez, j'écoute. Saloperie, punaise !

— Mais ça va pas. Qu'est-ce que j'ai fait ?

— Sale menteuse, pourriture, Reine et Mémère viennent de me le dire. Partout, on sait que tu es une martyre, alors tiens, prends ça et encore ça !

Elle m'administre une gifle de déménageur et, moi, de désespoir, je crie en regardant les deux autres : « Pourquoi vous me faites ça ? »

Très pompeuse, Reine des garces s'approche et dit :

— Ce n'est pas nous, mais toi qui gueules comme un porc qu'on égorge dès le moindre coup. Tu vois, tu viens de le faire.

— Des petits coups ? Prends-les à ma place si tu veux !

— Sale conne, j'ai pas la force. Taillée comme t'es, c'est avec le manche à balai qu'il faudrait que je cogne ! me hurle la mère.

Je vois le regard haineux de la mégère, mais, après tout, le pandore l'a dit : Je suis chez moi ici. Alors, je redresse la tête :

— Je vais le dire au père !

— Lui, il va finir en tôle ! me hurle Reine en m'envoyant un coup-de-poing sur le côté du visage.

La mère n'avait pas tort, car tout ce que je venais de prendre était de la rigolade par rapport au coup de sa frangine. J'ai mal au nez, je pleure, la maternelle me dit : « Pleure, tu pisseras moins, et fous le camp dans ta chambre. »

Deux heures plus tard, leurs forfaits accomplis, les garces sont reparties, mais le calme n'était pas de mise. La soirée est hurlante, le père dit qu'il va casser la gueule à Jean qui fait des racontars avec les commerçants du coin. Je me permets d'intervenir : « Ce qui veut dire que je me suis pris une dérouillée uniquement pour le plaisir de ces dames, gratuitement, comme ça ? »

Pandore fronce les sourcils :

— Quelle dérouillée ?

— Quand je suis rentrée à cinq heures, Maman et les deux autres m'ont tapée dessus.

— C'est pas vrai ! Mémère t'a pas touchée. Tu vois que c'est une menteuse ! Et Reine t'a juste mis un coup-de-poing sur la figure !

Je ne hurle plus, je vocifère, j'ai tellement mal partout : « Quant à toi, n'en parlons pas, je suis couverte de bleus ! » Je retire ma robe de chambre et montre mes bras et mes épaules. Le père regarde, je vois un muscle battre anormalement vite sur sa joue, et il gronde :

— Tiens, pour une menteuse, je trouve que ses bras parlent beaucoup. De plus, je croyais avoir déjà dit qu'ici, c'était chez nous et que personne ne viendrait y faire la loi ?

— Ouais, eh ben, moi aussi je suis chez moi et elle a qu'à apprendre à fermer sa gueule, et toi avec.

Je ne finis pas mon repas, je suis trop fatiguée, déçue. Pourquoi y a-t-il toujours quelqu'un pour gâcher une bonne journée ? Pourquoi la mère est-elle aussi influençable ? Pourquoi joue-t-elle les matadors à la maison, alors qu'elle n'est qu'une carpette que l'on foule aux pieds dans sa famille ? Je n'ai pas pu leur raconter tous les beaux projets que nous avions pour notre chère directrice ? Et s'il vous plaît, Docteur Swid, ne lui cherchez pas d'excuses du genre : « C'est justement parce qu'elle était maltraitée chez elle qu'il lui fallait jouer les costauds ailleurs. » Je pense pouvoir dire que j'ai fait partie des matraquées, ce n'est pas pour cela que je me suis vengée sur les autres, car il ne s'agit là que de vengeance, c'est bas !

Ma nuit est hantée de cauchemars où l'on me poursuit en permanence ? J'ai peur, je cours, je sue, on me tape encore et encore, je suis toute mouillée, je me réveille en sursaut, mais là il ne s'agit plus d'un mauvais rêve, je suis réellement mouillée, pour cause ! Ma taie d'oreiller est couverte de sang, je ne peux plus faire le moindre mouvement sans appeler, aussitôt, un flux sanguin. Je me pince fortement le nez, mais rien n'y fait, le sang repasse par la gorge et m'étouffe. Je me résigne enfin à appeler les parents à plusieurs reprises. Comble d'ironie, je ne peux même pas parler fort, tout semble engorgé et, par transmission de pensée ou par miracle, ouf ! – et merci mon Dieu –, la lumière est.

Un juron bien senti m'avertir qu'il s'agit du père qui revient quelques secondes plus tard avec une serviette-éponge et me compresse le nez du mieux qu'il peut. Malheureusement, le coup-de-poing reçu de Reine était trop violent et faisait effet à contre-courant, rien à faire. La mère arrive en pleurs (pour ne pas changer, elle ne sait faire que ça, c'est, ou son moyen de défense, ou un outil pour mieux contre-attaquer). « Il faut l'emmener à l'hôpital » dit-elle. Mais le père, beaucoup plus lucide, lui fait remarquer sans ménagement que j'ai trop de bleus pour qu'il ne leur soit pas posé de questions et pour sûr, leurs comptes auraient été bons alors que le pandore n'y était pour rien. Chaque mot que j'aurais prononcé en sa faveur n'aurait pas été retenu, on m'aurait fait remarquer que parce qu'il était mon père, je le défendais. Alors, il fallait que ça s'arrange.

Finalement, c'est le médecin de garde qui arrive, diagnostique. Une grosse veine a pété et une deuxième prend le même chemin, il me fait deux piqûres pour stopper l'hémorragie, mais ordonne que, dès le lendemain, nous allions chez l'oto-rhino-laryngologiste pour qu'il cautérise avant qu'il n'y ait plus de dégâts.

Vendredi matin, je pars à l'école, alors que les parents sont encore couchés et c'est à la récréation de quinze heures que mon institutrice, Mademoiselle Longeais, vient me chercher avec mon cartable et me conduit dans le bureau de la directrice où mon père m'y attendait pour m'accompagner chez le spécialiste. Il me jette un regard sévère en me disant que je n'aurais pas dû quitter la maison ce matin. Ma directrice lui répond que je ne méritais pas de reproches, car c'était très courageux d'être venue après une nuit pareille et avec une santé si fragile. Je lui dis que c'est juste un problème de nez qui saigne, elle insiste :

— En effet, votre père nous a dit, et il ne faut pas rester comme ça.

— Oui, mais ce matin, nous avions un contrôle d'orthographe, et, en début d'après-midi, celui d'histoire. Je ne voulais pas les manquer, c'est tout.

— C'est tout à votre honneur, jeune fille. Domino a-t-elle réussi ?

— Domino est toujours très expressive et tout aussi complexée dès qu'il s'agit d'écrits, mais elle s'en sort très bien.

Le père pense enfin à la saluer et voulant jouer les coqs assure : « Voilà qu'elle voudrait nous faire croire qu'elle est atteinte du virus scolaire ! »

Grosse erreur de sa part, nous ne sommes pas dans la famille. Toute action correcte est respectée, voire honorée ; et la directrice de lui répondre. « J'en suis fière et tant mieux pour notre établissement qui accueille en la personne de votre fille une enfant vive, charmante, respectueuse et courageuse. Son institutrice ne m'a jamais parlé d'elle en mal et surtout n'a jamais eu à s'en plaindre, vous devriez en être fier vous aussi de cette enfant. Vous ne le croyez pas ? Demain, jeune fille, nous sommes samedi, il n'y aura donc pas de contrôle, alors restez chez vous pour vous reposer, ce sera plus sage. »

Je me souviens de l'attitude penaude du père qui n'en menait pas large devant ce tout petit fouillis voûté qu'était notre mademoiselle. Je viens d'écrire ce souvenir d'une traite, je le trouve toujours aussi cuisant et ce qui m'agace le plus, c'est que, lorsqu'on voit ma mère pour la première fois, les gens se laissent prendre par ses miaulements, elle sait si bien tourner sa face de mémé inoffensive par-devant pour mieux dérouler sa langue de vipère par-derrière, tel un tapis rouge pour mieux les salir, pour mieux utiliser contre eux ce qu'elle a réussi à leur faire dire, elle bave tant qu'elle finit par se convaincre qu'il pleut. Je ne sais pas si je parviens à bien faire passer et comprendre la perfidie de cette personne ainsi que celle de ceux qui l'entourent, ce n'est pas facile à mettre en évidence, surtout lorsque l'on n'a jamais écrit. Et, par-dessus tout, il faut essayer de se délivrer de toutes ses souffrances, les mettre à nu. Mais ce dont je suis sûre, je ne veux pas que l'on me prenne en pitié. Ne vous apitoyez pas sur mon sort, c'est vécu, c'est irréparable, il faut faire avec et se dire que beaucoup de mômes, trop sans doute, subissent ce genre de traitement et que personne ne s'en inquiète pour la simple raison que ce sont des plaies qui ne se voient pas, donc elles ne dérangent pas et n'interpellent ou n'inquiètent personne.

La fin de l'année scolaire est proche, je passe brillamment au CM2 et, pour moi, quoi qu'en dise le pandore, ce terme n'est pas rien, car j'ai un 17 de moyenne générale sur l'année ! Parfois, il m'arrive de penser que si j'avais eu un autre départ dans la vie, j'aurais sûrement bien travaillé à l'école et partout d'ailleurs, ayant la fichue manie de ne jamais faire les choses à moitié. Le secret réside à ne pas s'éterniser sur le « si » et continuer à avancer au présent. J'étais parfaitement consciente que j'arrivais en bout de course, je commençais à fatiguer et le mieux était de rester sereine et propre jusqu'à la fin. Nous avions préparé une petite fête pour notre ancienne bien-aimée. Chaque maman y était allée de sa pâtisserie, sauf la mienne, bien entendu ; et pour ne pas être en reste, j'avais fabriqué avec des branchettes d'arbres du jardin de pandore une croix sur laquelle reposait un Christ en pâte à sel. Madame Bourdeau, qui m'avait aidée à mettre en pratique mon cadeau, me félicita chaleureusement pour cette idée. Nous étions toutes rassemblées dans la cour de l'école en arc de cercle. Au centre, les cadeaux et gourmandises, en face, le corps enseignant et, au milieu, se tenait tant bien que mal Mademoiselle Caron, pleine de courage et d'amour dans les yeux. Enfin, nos voix se sont élevées, accompagnées de la grosse cloche murale :

« Les enfants font une farandole
Et le vieux maître est tout ému
Demain, il va quitter sa chère école
Sur cette estrade, il ne montera plus.
Adieu, Monsieur le professeur,
On ne vous oubliera jamais
Et tout au fond de notre cœur
Ces mots sont écrits à la craie.
Nous vous offrons ces quelques fleurs

Pour dire combien on vous aimait,
On ne vous oubliera jamais
Adieu, Monsieur le professeur. »

Une larme est tombée sur sa main.

Dans la cour, elle s'est assise pour garder sa dignité coûte que coûte, et c'est dans un murmure que se termine cette chanson d'Hugues Aufray que je n'ai pas complètement retranscrite, car tube d'hier, de demain, de toujours, qui restera à jamais gravé dans ma mémoire comme dans celles de bien d'autres qui ont eu à vivre un événement plus ou moins fort à accorder avec cette mélodie. Je ne l'ai pas apprise par cœur, ce n'était pas utile, bien trop vivante, trop vraie dans ces instants. J'avais pour la première fois fait une promesse qui me pesait, mais j'avais promis et seule la parole donnée comptait. En effet, j'avais été sollicitée par les grandes de troisième qui se préparaient pour leur brevet des collèges. J'étais, paraît-il, dotée d'une voix puissante. Tels étaient les propos tenus par l'une des leurs que je rencontrais tous les dimanches à la messe. Toujours est-il que je prononçais seule et en larmes le dernier adieu de la chanson. Bouleversée, ébranlée, j'avais honte de pleurer de la sorte devant tout le monde. Ma consolation était morale, car ces larmes-là, la famille ne les voyait pas, elle ne pourrait donc pas les tourner en dérision, et puis, même les adultes présents avaient bien du mal à se contenir, alors !

Toutes les vacances se passèrent à la maison avec pour principale occupation maternelle courir autour et dans les magasins, lécher les vitrines intérieures, extérieures, plus deux marchés par semaine, avec exhibition, les mardis et vendredis matins. Le reste du temps, c'était ménage avec l'éternelle assistée. En écrivant ces quelques lignes, je me souviens particulièrement d'un de ces fameux jours de marché, où je portais une robe droite toute bleue avec un plastron de dentelle blanche, et, ce jour-là, la mère avait décrété que je porterais un chapeau – il faut dire que ce couvre-chef se trouvait être exactement de la même couleur que cette fichue robe. Après avoir vainement tenté de lui faire entendre raison, de lui dire et redire que nous allions sur le marché et non à une cérémonie, ce fut attifée de la sorte que je quittais l'appartement. Chemin faisant, j'entendis d'un son sarcastique, dans notre dos, une voix féminine : « Oh ! Le beau chapeau, il va bien avec le reste ; mais avec le vent, il va bientôt prendre de la hauteur ! » Dans le même temps, un coup de vent malheureux l'emportait. La mère, qui passait son temps à m'utiliser pour se faire remarquer, avait commencé à se redresser aux premiers commentaires de l'inconnue, mais suite à cet imprévu, une gifle retentissante vint s'abattre sur moi achevant mon mal-être. Sous l'impulsion de la colère, plutôt que de ramasser l'attribut, je le piétinais allègrement et le laissai là où le vent l'avait jeté. Face à ce comportement, tout en reculant, la femme dit : « En plus d'être ridicule, elle est complètement folle ! » Fière d'elle, la mère m'enterre un peu plus : « Bien fait pour ta gueule, salope ! »

Aujourd'hui encore, je ne comprends pas cette attitude, cette agression gratuite, je n'avais rien fait de mal, me semble-t-il. Si ce n'était le fait d'aller vers mes douze ans et de ne pas avoir tout compris, surtout le principe de ne pas laisser la mère me manipuler pour mieux me ridiculiser si cela tournait mal. Heureusement pour moi, il y avait aussi le potager du père à entretenir, eh oui ! Pour mon anniversaire, il m'avait promis un petit vélo, qui correspondait à la tendance du moment. Mais comme, pour moi, rien n'était jamais gratuit, il me fallut le gagner en désherbant les fraisiers, butter les derniers haricots verts qui ne l'étaient pas et récolter les autres, arracher les pieds des petits pois, ramasser les bigarreaux pour la stérilisation, les prunes pour les confitures et la goutte. Mon plus grand plaisir dans tout cela, c'était les œufs. Parlons-en des poules et de leurs œufs ! Un jour, fatalement inoubliable, alors que j'avais descendu tout le potager et la partie verger, j'ouvrais la barrière lorsque je vis la brave emplumée prête à se poser sur son nid. Sans perdre une seconde, j'ai tendu la main et l'œuf est tombé dans ma paume. Je sais, c'est idiot ! Mais j'étais tellement contente, qu'avant de me mettre au travail, je retournai à l'appartement pour donner mon plein panier à la mère et lui conter mon aventure. Elle s'est bien fichue de moi, vous pouvez me croire, mais ce qui est important, c'est qu'elle m'a quand même proposé de me le faire à la coque, ce que j'acceptai sur-le-champ. Avec les derniers petits pois, les carottes fraîchement arrachées et des pommes de terre, le père lui a demandé une jardinière.

Mais n'étant pas bonne à grand-chose, j'ai dû l'aider aux pluches des légumes et à la coupe des carottes dans un appareil spécifique dont je tairais la marque. Et un souvenir cuisant en plus ! UN ! Cet outil était bien vieux, son poussoir fendu céda et mon pouce gauche finit dans cet engin au même titre que les légumes. Je passerais sous silence les appellations et les grossièretés en tous genres à mon encontre et la menace de ne pas avoir mon cadeau, étant donné que je ne servais à rien. Ce qui était le plus terrible pour moi à l'époque, c'était de me rendre compte que ces adultes étaient pires que mon indésirable personne, mais que je devais impérativement me taire, garder le silence, et m'extasier comme si tout allait bien.

Le père tenait souvent ses promesses ; et le 2 septembre au soir, je reçus mon vélo blanc, ma couleur préférée, et je pourrais l'utiliser dès la rentrée scolaire. Le lendemain, en allant faire deux ou trois courses chez l'épicier, je rencontre Reine et la grand-mère, je leur souhaite le bonjour comme il se doit et en réponse, Reine me dit : « Eh ben, ça y est, tu l'as ton bicloune ! » Tout en me fusillant du regard, la mégère s'écrie : « C'est du lard donné à un cochon, tu vas t'casser la gueule avec ça, bien fait ! »

Je suis rentrée à l'appartement décomposée. J'avais beau y être habituée, je ne parvenais pas à me blinder. Pour changer, la mère me passe un savon et me demande pourquoi j'étais allée leur dire bonjour et moi, bêtement, de lui répondre :

— Elles m'avaient vue et moi aussi.

— Il fallait les ignorer, ça va encore faire des histoires !

— Mais il y en aurait encore plus si je ne l'avais pas fait ! »

Face à cette évidence, la conversation s'est arrêtée là. Eh oui, on croit rêver, nous en étions arrivés à ce point, il fallait demander la permission pour un cadeau, mais uniquement lorsqu'il s'agissait du vent sans nom. Toutes ces années passées auprès de ces gens, durant lesquelles il me faudra fournir le justificatif de la justification, le pourquoi. Mais je me suis permise de reprendre mon souffle alors que les autres ne l'ont pas encore fait, et voilà la raison même de mon existence.

Je pense également que vous avez constaté, et ce, dès la première décennie, que le vocabulaire n'est pas le fort de cette famille. Je vais donc tenter de vous éclairer :

Un cimetière – un *cimepierre* ;
la priorité – la propriété ;
sursauter – tressauter ;
mobylette – bobinette ;
hélicoptère – *héligoblaire* ;
au revoir – *arvoire* ;
eh bien – eh ben.

Dans le jargon médical, un médecin qui opère peut être appelé « toubib ». Pour eux, les stars, ce sont : « toubi », « bicloune » pour un vélo, « balançoire à Mikey » pour les serviettes hygiéniques, « les ragnagnas » pour les règles. Il y a également le fameux « Y gnognotte du ciboulot, celui-là » pour désigner quelqu'un qui perd la tête ou s'égare, le « Magnez-vous la rondelle ! » pour demander avec élégance à quelqu'un de se dépêcher et ils emploient volontiers les verbes « hiberner » et « hiverner » exactement de la même façon pour des animaux en hibernation ou un champ en hivernation. Bref ! C'est entourée de ces humains aux âmes tordues plus bêtes que les bêtes que j'ai essayé d'évoluer en prenant grand soin de laisser de côté les grossièretés dont le père possédait le secret. De plus, je ne pense pas que tout ceci soit dans ma nature et c'est tant mieux, je serais plus volontiers argot.

Enfin la rentrée scolaire ! C'est avec appréhension que je pénètre dans l'enceinte de l'établissement. Qui va être notre nouvelle directrice ? Comment va-t-elle être ? Comme à l'accoutumée, nous sommes rassemblées au milieu de la cour pour découvrir une certaine Mademoiselle Dray aux yeux saphir, aux cheveux de neige courts et au sourire immense qui traverse son visage de part en part. Sa voix est claire, ses mots sont posés et précis. Pour son époque, elle devait être considérée comme faisant partie des grandes femmes avec une élégance naturelle qui ne gâtait rien. Le moment de panique passé, entre elle et moi, tout ira pour le mieux dans le meilleur des mondes. Me voilà rassurée.

Du fait, je ne pensais pas qu'elle aurait besoin de mes services aussi rapidement. Nous revenions du repas de midi et notre première matinée de classe avait été remplie par un déménagement en règle. En effet, notre nouvelle institutrice voulait se sentir à l'aise pour travailler. Nous finissions donc notre agencement lorsque, après avoir brièvement frappé à notre porte et pénétré dans notre classe avec la même rapidité, nous sommes, sous l'effet de la surprise, quasiment au garde-à-vous face à une dirigeante tout sourire et bosse au front. Elle nous explique sa mésaventure : « L'immeuble est ancien et les revêtements cri plastique des sols vétustes, ceux-ci sont fixés au seuil des portes par des barres de cuivre vissées, mais, avec le temps, les chevilles plastiques ont pris du jeu, ce qui a permis à l'une d'entre elles de me renvoyer la porte dans la figure. » Elle achève son récit dans un éclat de rire communicatif, mais, malgré notre liesse, nous restons dans l'attente de la véritable raison de sa présence. Je m'attendais à tout sauf à ce qui allait suivre : « Je me suis laissée dire que nous avions dans cet établissement, en l'occurrence dans cette classe, une bricoleuse en herbe en la personne de

Mademoiselle Milot. Puis-je vous l'emprunter ? » Avant même la réponse de l'intéressée, Christine, toujours prompte aux sarcasmes, me regarde et dit : « Petite chouchoute, va vite servir de bonne. »

Dans l'instant qui suivait, elle se trouvait être la première à posséder son livre de conjugaison avec une punition à rendre pour le lendemain du style : copier à tous les temps de l'indicatif et du subjonctif « Servir de bonne ».

Cette directrice ne manquait pas de caractère et nous soulignait au passage que, pour les parents mécontents, son bureau n'avait pas changé de place. Ce fut sur ses pas que je quittais la classe en assurant à Mademoiselle Ledieu que ce ne serait pas long. Une fois armée d'un tournevis et d'un marteau, je demandais deux bouts d'allumettes que je glissais sur les côtés de la cheville plastique. Le tout bien remis en place, il ne me restait plus qu'à revisser la barre de seuil récalcitrante. J'expliquais aussi que ce que je venais de faire relevait de la débrouille et qu'il serait bien que quelqu'un vienne avec une perceuse pour un travail plus sûr. Tout bien réfléchi, la situation était relativement drôle : elle était la directrice, mais c'était moi qui lui donnais la marche à suivre. Cela dit, c'est connu : « On a toujours besoin d'un plus petit que soi. » Notre fin d'après-midi se termina sans heurts, cependant, il y eut beaucoup de rires dus à une joute verbale intense. Les taquineries de mes camarades fusaient auxquelles je répondais, épaulée de notre institutrice. En effet, c'était la journée ! Isabelle voulant baisser le store trop vite, il se décrocha et lui tomba sur la tête sans mal pour elle, mais pas pour lui ni pour moi puisqu'il alla de soi que je réparasse les dégâts. Notre enseignante nous fit remarquer : « Ça relève du détail, mais la situation aurait pu être bien plus grave, jeunes filles. Je vous conseille de vous calmer d'ici demain. Merci et bonne soirée. »

Sur ces paroles aimables, je rentrais chez moi, contente, sur mon vélo, cheveux au vent, mes craintes envolées, l'année scolaire se passera bien. En ce qui concerne la famille, ce sera toujours aussi agité, mais que faire ? Il y a des jours comme cela, ma journée scolaire avait été riche de rebondissements. Maintenant, l'excitation était au logis, le père était tout émoustillé à l'idée d'acheter la maison de ses rêves, rue Joyeux, quartier résidentiel près du Mont Soleil, mais suffisamment éloignée pour avoir la paix. Rien que d'entendre ça, j'aimais déjà cette bâtisse. Je ne l'avais pourtant jamais vue, mais cela ne faisait rien, je l'aimais quand même, car qui dit éloignée du Mont dit encore plus éloignée de Reine. Bref, le bonheur ! La mère protestait vaillamment en disant : « Il veut acheter une maison, mais il est *incapabe* de mettre du raisin sur la *tabe*, au mois de *sectembre*, *moa* je dis que c'est *imadmissibe* ! » Traduction de l'incompréhensible : « Mais il est incapable de mettre du raisin sur la table, au mois de septembre, moi je dis que c'est inadmissible. » Lorsqu'elle avait prononcé le fameux « moa-je-dis », le caprice n'était pas bien loin si elle était contrariée. Mais ce jour-là, le père ne voulut pas s'en laisser conter. À savoir ! Tous les mots se terminant en « bre » ou « ble » ou à la prononciation trop pointue sont systématiquement amputés. Qu'on se le dise !

« Il faut battre le fer quand il est chaud ! » Pour appliquer cette devise, le père n'a pas son pareil, il nous a fait cette annonce le lundi soir. Le mercredi matin, j'étais conviée à une première visite. Il est clair que pour porter comme il se doit le nom de maison, il faudra beaucoup d'huile de bras et bien qu'imaginant déjà les jérémiades maternelles, je trouvais la maison agréable. Nous montions cinq marches pour accéder à l'entrée-cuisine. À droite, salle de séjour, à gauche, chambre. Pour finir, une grande verrière ancienne au simple vitrage était séparée en deux, une partie salle de bains-water montée sur fosse septique, et une partie bureau pour le pandore. Petite cave et grenier en plus. Je perdais ma chambre, c'est sûr, mais peut-être, y gagnerais-je en tranquillité ? Sur ce coup-là, j'avais rêvé ! La mère a crié au scandale : « C'est sale, ça pue, c'est trop petit, la girafe perd sa chambre ! » Les menaces me tombent dessus comme la pauvreté s'abat sur le monde, du genre : « T'as intérêt à me soutenir dans ce que je dis, sinon j'te fous la branlée, tu verras, ma vieille, la danse que tu vas prendre. » Elle serre les dents pour me parler et, si j'avais osé, j'aurais pu lire de la haine dans son regard, mais je m'y refuse et ne comprends pas cette attitude, d'autant que je ne pèse pas lourd.

Dans la balance juridique, aucun acte officiel ne me sera demandé, c'est bien connu : les enfants n'ont pas voix au chapitre, particulièrement dans mon cas. En revanche, un gros poids me sera imposé, j'expliquerai ça plus tard. Bref ! Le père restant sur ses positions, cette maison sera quand même achetée et le déménagement prévu pour le mois de... le mois de mai, bien sûr ! Si vous saviez combien de temps cette saleté de mois va me poursuivre ! C'est à croire qu'il n'y en a qu'un dans l'année, un mois maudit entre tous pour moi, le mois de mai.

Les représailles entrent dans la danse dès le mois de décembre. Pour Noël, pas question de faire un arbre ni d'installer la crèche puisque notre départ est proche. Je n'ai et ne vois toujours pas le rapport malgré les années écoulées, si ce n'est une grande peine et un immense vide que le père tentera en vain de combler par l'énoncé de ses futurs projets. Ayant obtenu gain de cause pour les fêtes de fin d'année, la madone ne voit pas pourquoi cela ne continuerait pas et c'est sans scrupules, qu'à partir de février, elle décrète que je n'ai plus besoin de ma chambre et estime qu'elle doit dégager chez son frère, son très cher frère André. Cette fois, le père voit rouge, mieux vaut tard que jamais : « Nous ne déménageons qu'en mai et la seule chose qui manque à ton frère, c'est un lit et pour ça, il attendra ! Je garde l'armoire qui me servira de rangement dans le garage et la commode à sa place dans la maison ! Non mais ! »

Le ton monte vite et prend un goût amer, surtout en ce qui me concerne. C'est à dater de ce moment que j'aurais dû m'adapter, commencer à comprendre et à accepter que je ne représentais rien d'important pour elle si ce n'est une bonniche, au mieux une future dame de compagnie, mais, dans tous les cas, bien moins que sa famille ; et cela se concrétisera officiellement. Le déménagement dure deux jours, car, il va sans dire, qu'après avoir torché tant de fesses et mouché tant de nez, nous sommes seuls dans le besoin, et puis, quand on est patron et que l'on se fait de l'argent sur le dos de ses ouvriers au point de pouvoir s'offrir une maison, on a les moyens de se payer un déménageur, alors débrouillez-vous ! Que Marc se permette cela, c'est normal, mais Robert qui est un pas grand-chose, c'est une honte ! Madame ne supporte pas les réflexions, c'est tellement plus facile d'en faire. Ils ont poussé le vice jusqu'à reprocher au père de ne pas avoir donné assez d'argent à Mélodie.

Je pense que vous êtes loin d'imaginer à quel point je bous en écrivant ces lignes, une envie folle de tout casser, surtout ces faces de rats, bande de pourris ! Si le hasard fait que l'un d'entre vous se reconnaisse, qu'il passe le mot aux autres : « Que la honte vous écrase au point de vous enterrer vivants. L'ingratitude chez vous est un euphémisme. Surtout, ne vous leurrez pas si l'un de vous devait broncher, espérer se faire du pognon sur mon dos en me faisant des misères, il serait sujet à un procès en règle, pour commencer : non-assistance à personne en danger, sans parler des abus sexuels, si cela vous dit quelque chose ? À bon entendeur. » La signature de l'acte de vente se passe un jeudi matin, ce qui fait que le soir, je dois rentrer à la maison, tant au sens propre qu'au sens figuré.

Je suis heureuse de cette nouvelle situation, j'ai l'impression d'avoir enfin un nid, un vrai nid dont personne ne pourra me chasser, mais ce n'est qu'une illusion. Le soir même, j'apprends que, n'étant pas officiellement la fille de Rosemonde, si le père devait fermer les yeux prématurément, je n'hériterais que d'un quart de ses possessions. En effet, la mère n'est que la femme de mon père, mais elle aurait pu changer le cours des choses en faisant de moi son héritière par l'entremise d'un testament. Or, il n'en fut rien, elle refusait catégoriquement cette option malgré les explications du notaire, prétextant que ce choix pouvait lui porter malheur; et je reprends ses propres paroles: « Je ne vais sûrement pas m'engager pour une punaise comme toi et, de toute façon, c'est ton père le responsable, c'est lui qui devait faire le nécessaire pour que l'autre salope t'abandonne complètement. Moi, j'ai une famille et c'est mes parents qui en profiteront et si y sont pus là, c'est mes sœurs et frères qui ont, c'est comme ça, c'est la loi ! » Je ne vous traduirai pas cette phrase, je ne pense pas que ce soit utile. Cependant, il est clair que durant cette période, elle creusait un fossé de plus en plus profond, comme si elle voulait me faire comprendre que de A à Z sa vie était accomplie, que je commençai à la déranger et qu'il serait bien que je disparaisse, maintenant qu'ils étaient en possession de cette bâtisse. Mais je ne m'en rendais pas compte ou ne voulais pas m'en rendre compte, c'était trop dur, je voulais encore espérer ! Comme quoi, ne dit-on pas que « l'espoir fait vivre ». De plus, je n'ai pas eu droit à la parole, je ne devais que ramper face à celle qui m'avait élevée, ordre du pandore. La famille profiterait donc de sa sueur. Tant pis pour lui, me diriez-vous, mais je ne vous dis pas combien j'ai prié pour que pandore vive longtemps, j'ai vécu cet épisode, angoissée, la peur qu'il tombât d'un échafaudage, qu'il fût victime d'un accident de la route pour se rendre sur les chantiers, qu'une vitrine se brisât au moment de son remplacement et lui ouvrît les veines; et que les secours n'arrivassent pas à temps. Si vous saviez le nombre de questions que peut se poser un ou une adolescent(e) au quotidien ! Pour ma pomme, c'était multiplié par X. Si ce drame s'était imposé, j'aurais sans aucun doute échoué à la DDASS et dans le pire des cas chez la tante Téréza qui, après m'avoir complètement dépouillée financièrement, l'aurait fait mentalement, et j'aurais fini à l'asile. À l'époque, mon choix était fait, le dressage plutôt que l'abandon, ce ne sera que reculer pour mieux sauter. Plus tard, j'aurais également l'occasion d'assister en spectatrice au déchirement de cette famille pour trente mille francs ! Alors, je ne vous dis pas pour une maison ! Celle-ci ne se privait d'ailleurs pas pour s'imposer chez nous comme si elle était chez elle, dictant SA LOI, et je regardais, impuissante, la mère qui jouait les costauds avec moi, filer doux au son de leurs voix.

Comme promis, au cours du déménagement, mon lit disparut à tout jamais dans la chambre de son frère bien-aimé, André. Durant les huit premiers jours, je couche par terre, sur une couverture dans la pièce qui reçoit les meubles de salle à manger. Mais le père ne désirait pas voir cela sous son toit, aussi, dès la semaine suivante, il m'achetait un fauteuil-lit, c'était la seule place qu'il y avait pour le mettre ; et ce fut désormais dans cette pièce que je coucherai. Dans l'appartement, j'avais bien de la peine à obtenir un peu d'intimité ; dans la maison, je n'en aurai jamais plus. Partout où le père tentera de m'installer, partout elle s'imposera ou empiètera sur le peu d'univers que je tenterais d'avoir. Personnellement, j'appelle cela le syndrome du nouveau propriétaire, déclencheur d'une jalousie aiguë. Comme c'est triste à douze ans de redécouvrir les bassesses du monde ! Toute la maison sera vite installée sauf les waters dont le père fera vider la fosse dès début juin pour y brancher le tout-à-l'égout. Ce fut un travail titanesque que d'exécuter la tranchée, de creuser les murs pour y faire passer les tuyaux d'évacuation et de les conduire jusqu'à la route où là, c'étaient les Ponts et chaussées qui prenaient le relais, et, curieusement, personne pour l'aider. Il a fait tout ce dur labeur seul, avec son huile de bras et son argent dûment gagné et non celui des autres. Sur ce point, toujours, je lui rendrai hommage, toujours, je le défendrai, moi la fille.

Pour l'avoir vécu, pour lui avoir donné un coup de main, moi qui ne faisais que dégager les brouettes de gravats, je peux vous assurer qu'il s'agissait là d'un travail de titan, et il l'a fait, seul avec son courage, car s'il possède une qualité, c'est bien celle-ci ; et il ne saurait être question pour moi de laisser dire le contraire. La mère allait et venait d'une pièce à l'autre tout en nous abreuvant de ses lamentations. Chaque sujet provoquait une série de jérémiades : un accroche-torchon qui n'était pas mis au moment où elle l'avait décrété, un porte-serviette qui n'était pas encore posé, les vitres de la véranda qui n'étaient pas nettoyées assez vite et le tapis qui ne serait jamais remis, faute de superficie au sol.

Je me souviens de ce jour, il faisait chaud, le père faisait ce qu'il pouvait pour améliorer notre confort d'ici l'hiver, je l'aidais tant bien que mal : « T'es bien une gonzesse, ah ! si t'étais un gars ! » Eh oui, que voulez-vous que j'y fasse ? Deux jours de boulot intense. Entre deux, j'allais à l'école et lui, sur les chantiers, et la madone piétinait et gémissait. Bref ! le soir venu, 21 heures 30 et nous n'étions pas encore à table. Pandore avait préparé et cuit les omelettes et les nouilles, la faim nous tenaillait, car il est clair que les travaux du bâtiment sont très physiques et creusent l'estomac. Il l'appelle une fois, deux fois, à la troisième, elle arrive enfin en affichant une tête de six pieds de long. Le père garde son calme, mais elle n'est pas de cet avis, elle n'est pas un être de paix, il faut que ça pète, que ça explose ! Elle ne sait même pas pourquoi la plupart du temps, mais c'est comme ça. Madame sort brutalement de table, insulte copieusement son époux et part s'enfermer dans sa chambre, car, il va sans dire que, dans cette cabane « bambou », le père n'a rien, tout juste le droit de trimer comme une bête pour le confort de MADAME. Elle nous pique sa petite crise, elle commence à se revêtir pour repartir chez Maman, elle pleure et, pour finir, claque le portrait du père. Celui-ci n'était pas en état d'en supporter davantage et lui donna un soufflet, c'était et ce sera l'unique fois que je verrai ça.

Comme il était malheureux, tout penaud d'avoir perdu son sang-froid. Il raisonne, elle joue les soumises et finalement regagne la table. Il est 23 heures quand nous pouvons enfin manger. Pendant le repas, elle me lance des regards de chien battu, mais je ne suis pas dupe, je sais parfaitement qu'elle le fera marcher, qu'elle se vengera. Et ça ne traîne pas, dès le lendemain nous avons droit à la grande scène de la dépression merdeuse, pardon, nerveuse ! Il fallait que nous restions là avec elle ; sinon, elle allait mourir, elle suffoquait, pour tout dire, nous replongions dans ses phobies jusqu'à ce que je mette les pieds dans le plat et que je leur dise au revoir avant de partir pour l'école. Comme par miracle, elle ressuscite pour donner de la voix : « Salope, pour aller faire la conne avec les copines, ça, tu sais ; mais pour aider ta mère malade, t'es plus là ! » Oubliant toute prudence, je lui cloue le bec : « J'espère que Pandore apprécie l'amélioration de ta santé, il va pouvoir aller bosser, qu'en dis-tu, Pandore ? »

Le père reste comme deux ronds de frites sur le palier ; mai vingt minutes plus tard, sur le seuil de la porte de l'école, un petit coup de klaxon me fait tourner la tête, il venait de passer. Il venait de prendre le taureau par les cornes, pour cette fois, mais c'était sans compter sur la détermination maternelle à le faire damner.

Lorsque je rentre vers 17 heures, je la trouve couchée, ayant choisi un autre registre, la faiblesse : « Je suis à bout, je suis épuisée, débrouillez sans moi pour la bouffe, je reste au lit. » Et patati et patata. Quel dommage qu'elle ne soit pas fatiguée de la langue ! Car de la véranda où je me suis installée pour faire mes devoirs, je l'entends jacasser. Le père arrive et un silence bienheureux se fait, je salue les deux haut et fort, et, à ma grande surprise, Pandore me répond : « Parle plus bas, ta mère dort. » C'est impossible, j'en suis sûre, puisqu'il n'y a pas deux minutes encore, elle me cassait les oreilles avec des stupidités. Je le vois se déshabiller et pénétrer dans la chambre sur la pointe des pieds en murmurant : « Pauvre petite Doudoune, je vais me magner la rondelle pour finir afin que tu sois bien. » Pas de réponse, il semblerait qu'elle dorme réellement, mais je ne peux m'empêcher de rester soupçonneuse.

Comme j'avais raison ! Le lendemain soir, à mon heure d'arrivée, elle est là, rayonnante, pensez donc à la berner, la brave cloche !

« T'as vu ton père ? Dans ma poche, c'est comme ça qu'il faut faire marcher les bonhommes ! C'est rien qu'des cons, faut pas s'priver, t'as compris, n'oublie pas. » Elle peut me faire confiance, je ne suis pas près d'oublier cette leçon abjecte que je mettrai un point d'honneur à ne jamais pratiquer, car trop humiliante à mon goût pour celui ou celle qui subit et honteuse pour celui ou celle qui pratique. Quand je repense à ça, je ne peux m'empêcher de dire : « Quelle garce ! » Et je reste scandalisée par ce genre d'attitude. Je n'ai jamais rien dit au père et espère ne pas avoir à le faire, quoiqu'il m'arrive parfois de me poser sérieusement la question.

En effet, je supporte de moins en moins les séances de chantage et ses allures de sainte-nitouche. Est-ce dû au fait que depuis quelque temps cette décision de tout vomir sur des feuillets m'oblige à revivre ces histoires douloureuses ? À les regarder en face et à rouvrir des plaies que je croyais cicatrisées, alors qu'il n'en est rien, au contraire, dans ces plaies mal soignées, s'est incrusté le pus et, comme pour le volcan soi-disant mort, et que tout autour de son cratère a poussé une ville, il se réveille, tousse, commence par ébranler ses parasites humains, puis finit par tout engloutir sous sa lave ne laissant, après sa colère, qu'un paysage de désolation gris et fumant. Oui, j'ai peur de cette solution irrémédiable si je devais perdre mon sang-froid. Quoique prenant grand soin de garder l'anonymat en écrivant, je souhaite ardemment pouvoir trouver la paix d'ici la fin de la troisième décennie qui, jusqu'à ce que je me lance dans la rédaction de la deuxième, me semblait avoir été la plus terrible à vivre, et pourtant, maintenant, au fil des pages écrites, je suis obligée de me rendre compte que celle-ci n'est pas de tout repos, c'est d'ailleurs en le faisant que j'ai trouvé son sous-titre : « Adolescence refusée ». Lorsque l'on a une mère qui fait tout son possible pour vous étouffer dans un monde qui n'est pas le vôtre, c'est difficile, voire impossible, d'évoluer sereinement. Cela ne m'empêche pourtant pas de finir brillamment mon année de CM2, ma plus forte matière restant les maths, et je suis admise en sixième. Je suis très inquiète, apprendre l'anglais, moi ! Toute une polémique s'installe dans la famille, il est insensé qu'une merde comme moi puisse aller si loin à l'école ! Même Mélodie que nous n'avons pas vue depuis plus d'un an est mise au parfum, et de colère, téléphone à la mère : « Dis donc, tu vas tolérer ça encore longtemps ? Tu te rends compte que l'on ne m'appelle jamais et là, parce que Domino va en sixième, on me prévient ! Qu'est-ce que c'est que ce cirque ? Vous ne pouvez donc pas lui foutre la paix ? »

Pour la première fois, j'entends Tata crier et dire qu'elle est heureuse d'être loin de tous. Comme je la comprends, comme j'aimerais qu'il en soit de même pour moi, enfin ne rêvons pas. Le 3 juillet, je me rends à la cathédrale Saint-Soupir pour assister au mariage de notre professeur de gymnastique, Chantal, du haut de ses vingt-deux ans, follement éprise de son futur mari. Tant mieux pour elle, je lui souhaite tout le bonheur du monde en attendant le plaisir de la retrouver en septembre, pour une dernière année, car dès la cinquième, c'est Mademoiselle Meunier qui prend le relais pour nous emmener jusqu'au brevet. Je ne pense pas que j'irai jusque-là, trop de foin et d'histoires autour de moi pour rien, ce serait l'hécatombe. De plus, grâce ou à cause du décret promulgué l'année passée, le certificat d'études n'est plus en vigueur, ce qui fait de moi un humain sans aucun diplôme. Je pense que c'était mon destin, vous comprendrez pourquoi plus tard.

La maison est devenue vivable et vivante, le père et moi avons refait les papiers peints dans la chambre des parents, la salle de séjour et la cuisine. Dès le début des vacances, j'attaque le ponçage des murs de la verrière, Pandore remastique les carreaux, et, à deux, on la repeint. Oui, décidément, cette maison est coquette maintenant. Cet été-là, le père a deux gros chantiers à assurer avec quatre ouvriers. En ce qui me concerne, j'ai reçu ordre de bêcher tout le jardin, ensuite de le griffer pour bien alléger la terre. Pour finir, je dois le ratisser afin de l'aplanir, puis semer la pelouse que je dois arroser chaque jour pour permettre aux graines de germer. Mine de rien, tous ces travaux m'ont vite emmenée au 15 août. J'étais bien fatiguée, car mes nuits étaient, elles aussi, pénibles. En effet, pour débarrasser le plancher, comme disait la mère, et pour qu'elle récupère le temps d'une saison SA salle de séjour, j'avais installé un lit de fortune dans le grenier qui était trop sale à son goût. Ma foi ! Je n'en étais pas mécontente, j'avais enfin un petit coin de paradis. De plus, celui-ci était malcommode, car, pour y accéder, seule disposition, à l'extérieur, un escalier de meunier en ferraille, qui plus est, l'endroit n'étant pas encore aménagé s'il faisait chaud dehors, il faisait chaud dedans. Je n'étais pas prise de court face à cette situation, puisque j'avais déjà connu cette expérience chez la tante Téréza. C'était comme si la vie ne voulait pas que j'oubliasse ce passé pénible, il y avait toujours quelque chose ou quelqu'un pour me rappeler à l'ordre. Donc, je dormais peu ou mal et les journées étaient bien remplies. Tant pis ! J'avais au moins un semblant de paix. La madone continuait son manège, Mont Soleil, la maison, tous les deux jours, rendez-vous compte ! Vivre sans potins, c'est mortel ! Du reste, si elle ne l'avait pas fait, nous serions restés sans nouvelles durant des mois. C'est qu'ils auraient pu se sentir obligés de donner un coup de main !

La rentrée scolaire est prévue pour le 7 septembre, j'ai déjà treize ans et ne suis qu'en sixième. Bon. « Mieux vaut tard que jamais. » Mais avant cela, et comme chaque année, il faut supporter la foire de Corbeil qui débute toujours le premier samedi de septembre. Dans ces moments-là, la mère est excitée comme une portée de souris. Le grand problème est que, où je mets quarante-cinq minutes pour me laver et m'habiller, elle demande trois à quatre heures. Résultat : quand nous parvenons à cette maudite foire, il est presque 18 heures, j'ai le mors aux dents, mais elle rentre en pleine action de repérage du genre : voyons, quelle est la première pie ou le premier pouilleux sur lequel elle jettera son grappin ; et quand Dame rapace aura trouvé le pigeon en question, là et seulement à cette condition, la sortie sera réussie. Que c'est triste ! Dans mon étroite cervelle, un bibi n'est autre qu'un petit chapeau de femme, mais ce jour-là, le bibi en question était monté sur deux jambes et grand copain de la mère, de cette rencontre providentielle, je fais connaissance de leurs nuits de débauche, de l'époque où la jeunesse se vivait. Ah ! C'était quelque chose avec le gars Machin et le fils Truc ! Reine et son Polak, encore une affaire ! Madame Je-sais-tout savait qu'entre Reine et Jean, ça n'irait jamais : « C'est un cavaleur, ce fumier l'a engrossée, c'est tout ! Quant à sa maladie, c'est nerveux, je le sais, j'ai entendu une émission à la radio, ils l'ont dit ! »

Là, c'était le docteur Rosemonde qui parlait, et bien sûr, ce serait trop demander que de se contenter de parler, il faut s'exclamer pour que tout le monde entende. Les éclats de rire et de voix ne suffisent d'ailleurs pas et sont accompagnés de grands gestes. Dans ma tête, je ne suis qu'une petite souris cachée, mais extérieurement, il n'en est rien et je suis là, debout à côté de ces deux énergumènes qui s'agitent en tous sens. Le fameux bibi repart de plus belle :

— Tu sais, c'est quand même à cause de l'Algérie que le Polak est parti !

— Je sais, il lui avait demandé de l'attendre. Quelle connasse, quand j'y pense ! »

Les minutes tournent et nous n'avons encore rien vu de cette indispensable foire. Lassée, j'interviens : « Excusez-moi, Monsieur, mais ce Polak était français puisqu'ils l'ont appelé sous les drapeaux pour faire la guerre. De plus, l'Algérie, vos bals et le reste ne m'intéressent plus, j'en ai tout mon comptant ; et nous n'avons encore rien vu de la foire. Merci et au revoir. »

Je sais de la bouche maternelle que ce mec est bien plus jeune que le père et parle donc de ce qu'il ignore, mais il n'en reste pas moins un mec, imbu de sa personne, et qui se trouve offensé : « Eh ben, dis donc, elle manque pas d'aplomb, ta morveuse. » Et la mère de lui répondre : « C'est pas ma môme, si c'était l'cas, elle marcherait à coups d'trique. En plus, y a rien à voir sur la foire, grande cigogne ! »

J'espère que vous comprenez pourquoi il m'est si facile de me souvenir de cet épisode, c'est terrible de s'entendre hurler cela.

Cette personne sait être particulièrement odieuse, mais je vous rassure, c'est souvent la réaction qu'ont les femmes qui ont élevé des enfants qui n'étaient pas les leurs. Trois exemples me viennent à l'esprit. Josée qui devait épouser en secondes noces un homme, père de famille trois fois déjà. Elle les a toujours fait marcher à la baguette et les a toujours fait mettre amplement la main à la pâte invoquant en permanence la grande famille au nombre de huit. Le jour où l'aînée s'est rebiffée pour se marier, elle s'est retrouvée à tous les diables. Aujourd'hui, mère de famille, la porte de son père lui est condamnée et celui-ci ne connaît pas ses petits-enfants. Et gare à lui s'il tentait quoi que ce soit. Henriette, officiellement six fois maman ayant en plus élevé ses deux neveux, fils de sa sœur, en tout dix à la maison, même programme que ci-dessus et même réaction lorsque l'aîné de ses neveux a voulu revoir sa mère, celui-ci s'est en plus attiré les foudres de ses cousins. Le deuxième reste sous la menace des pires représailles, l'art et la manière de séparer des familles, de déchirer des frères et sœurs. La troisième m'est totalement inconnue ; et que Dieu me garde de la croiser sur mon chemin. Le samedi précédent Noël, j'ai regardé l'émission *Reportage*, qui évoquait les familles nombreuses qui ne sont plus légion. La première était du Nord. Sept enfants vénérés par leurs parents, le père remerciant son épouse de lui avoir fait un tel cadeau. Ces gens étaient plus que simples, pas fortunés, peu scolarisés en leur temps, mais faisaient tout pour l'épanouissement de leurs bambins. La deuxième, un couple beaucoup plus aisé financièrement et plus instruit, avait dix rejetons qu'elle adorait ; et elle se posait encore la question de savoir si les jumelles seraient leurs derniers bébés. On voyait bien que ces parents n'étaient pas sevrés d'enfants malgré leurs progénitures importantes. Quant au troisième reportage, il puait le faux, le toc, le malsain au travers de l'écran. Ce couple n'avait que trois garçons et Madame, désolée de ne pas avoir de fille, avait adopté un bébé. Du reste, il était clair que celle-ci pouvait crotter sur la table, mais ils ne se sont pas arrêtés là et en ont adopté vingt en tout ! C'est de la folie, pour moi, de la vente d'esclaves ! Les garçons aidaient le patriarche et les filles se retrouvaient sous le joug de l'adoptante, toutes dans le salon, le fer à repasser à la main ; et elle qui supervisait, qui donnait son avis sur tout et qui se devait d'être respecté et exécuté. L'une d'elles disait qu'à vingt et un ans, elle n'avait pas encore le droit de sortir et si cela arrivait, à minuit, elle se devait d'être rentrée, si Madame décidait que c'était jour de plage, personne ne devait s'y opposer, par contre. Lorsque l'adoptante sortait avec ses demoiselles de compagnie, elles se devaient de la maquiller, de la coiffer, bref, elles étaient à sa botte. Ne vous y trompez pas. Là, l'amour ne transpirait pas, je l'ai même senti complètement absent, il ne s'agit plus d'enfants, mais de bonnes à tout faire et même si c'est organisé, ça n'en reste pas moins du travail obligatoire et ne saurait éblouir des gens comme moi.

Dire que ces souvenirs d'adolescente ont trotté toutes ces années dans mon crâne sans que jamais je ne les expulse, par crainte peut-être de toute leur puissance d'ailleurs, la crainte de me rendre à l'évidence. Elle m'avait élevée pour sa gloire. Faire enfin quelque chose de sa pauvre vie stérile, et non parce qu'elle m'aimait. Il semblerait effectivement que l'on ne puisse pas m'aimer, même encore aujourd'hui, dimanche 17 août 2003, si près de mes quarante-quatre ans, j'en reste persuadée, il est impossible de m'aimer, pourquoi ? Je ne saurais le dire, je fais peur sans doute. Mais en ce qui concerne ces femmes, mères de famille de rab ou en rab, dans tous les cas, seul prédomine votre égoïsme.

Après cet esclandre, nos carcasses s'ébranlent enfin vers ladite foire dont nous faisons cinq fois le tour (heureusement qu'il n'y avait rien à voir), mais surtout à l'affût d'une prochaine proie. En vain. Tant mieux. Je subissais un monologue en règle durant le trajet du retour : « Ah ! Ce bibi, c'était un gars super, qu'est c'qu'on s'marrait, on dansait dans les bals ou les cafés jusqu'au matin, les jeunes de notre époque avaient quelque chose dans l'cul, j'avais un marlou pour chaque jour de la semaine, j'les faisais marcher, des vrais cons, y me payaient plein d'trucs, c'était la belle vie ! »

J'en avais tellement gros sur le cœur que j'en oubliais toute réserve : « Et c'est comme ça que tu as mis le grappin sur le père, il t'a offert une vie que les autres cons se sont bien gardés de te proposer. »

Si fière de ses exploits qu'elle continue sur sa lancée et me dit :

— Ne raconte rien à ton père, il n'aime pas que je parle de ça, c'est un jaloux.

— Mais bien sûr et en y réfléchissant attentivement, je suis sûre que c'est encore lui le fautif.

Cette fois, elle reste muette. Que cet instant soit béni !

Vive le jour de la rentrée scolaire ! Qui aurait dit qu'un jour, je réussirai à parler ainsi de l'école. Contrairement aux autres collèges ou lycées, à l'école Sainte-Marie, nous restons dans nos classes, ce sont les professeurs qui se déplacent d'une salle à l'autre. Cela a deux avantages. Un, nous gardons toujours nos places ; ainsi, nos affaires ne sont ni oubliées ni égarées, bien rangées dans nos casiers. Deux, il est certain qu'une personne qui se déplace fait beaucoup moins de bruit qu'une classe entière. Je me souviens d'une bonne partie des noms de nos professeurs, sinon tous : Madame Bouquet pour les maths et les sciences, Madame Lebourdon pour l'anglais, Mademoiselle Bourdeleau pour l'histoire et notre directrice, Mademoiselle Dray, pour le français, la géographie et la musique, Chantal pour le sport. Voilà, je pense toutes les avoir répertoriées et chacune d'elles me laisse à l'âme une recommandation, une tendresse passée, un mot comme « intelligence » que mon professeur de maths prenait grand soin d'articuler comme il convenait de le faire, un: « Fichez-nous la paix, Mademoiselle Christine ! » qui, fort agaçante ce jour-là, avait réussi à faire sortir de ses gonds notre professeur d'anglais. Celui d'histoire transformait volontiers son bureau en rocher derrière lequel elle se cachait pour nous mimer un épisode des aventures de ce cher Raoul. Quant à notre directrice, j'avais parfois l'impression d'avoir à faire à trois personnes différentes selon le cours donné: en français, l'exactitude nous était demandée. C'était bien connu, un 20 sur 20 n'était jamais accordé pour cette matière et pour cause, un simple accent oublié et c'était un demi-point en moins. En musique, la rigueur décontractée était de mise, parfois même, elle nous charmait de sa voix mélodieuse qu'une chorale nous aurait enviée. Mais c'était durant les cours de géographie sur l'Afrique que les tranches de rigolades étaient les plus fréquentes dont une mémorable. Notre Isabelle, souvenez-vous: celle qui s'était pris le rideau sur la tête en CM2 pour l'avoir tiré trop fort. En sixième, rien de changé pour elle, des cours de douceur s'imposaient, car, pour tourner les pages de son classeur, elle y mettait le même doigté, malheureusement, de simples feuilles ne sont pas un rideau et cet après-midi-là, trois d'entre elles rendirent l'âme. Isa était assise à côté de moi et notre directrice la regardait faire et, stupide fille que je suis, je n'avais rien remarqué, aussi je montrais à ma camarade, tout en riant, qu'un seul souffle suffisait à les soulever et notre professeur de prendre la parole en riant: « Laissez, Domino, je crois qu'Isabelle fait de même pour se déshabiller, la manche du chandail gêne, je l'arrache, le col du chemisier se redresse, je le coupe et si, par malheur, la ceinture du pantalon ne tient pas, je la jette à la poubelle. Est-ce bien cela ? »

Nous sommes toutes secouées de rires à voir le visage dépité d'Isabelle. C'est avec elle également que nous découvrons la mouche tsé-tsé, les négresses à plateaux et les femmes girafes. Mon Dieu ! Que de doux sons revenus de loin pour m'apaiser, comme il me plaît de me souvenir d'elles, de toutes ces femmes qui étaient là pour nous, pour moi qui n'étais rien. Nous sommes le jeudi 21 août 2003 et j'ai bien du mal à m'accrocher à cette décennie. Par peur, par angoisse ? Je ne saurais le dire. Mais avec appréhension, c'est sûr. Pourtant, je viens d'évoquer mes anciens professeurs en moins de dix minutes, il faut avouer que c'est un réel plaisir de penser à elles, de parler d'elles, mise à part Chantal qui, je le sais, n'a jamais pu avoir d'enfant et, de ce fait, en a adopté trois, frères et sœurs de naissance. Je ne sais pas ce que sont devenus les autres. Comme c'est dommage pour moi, mais qui sait ! Je veux croire encore que la vie puisse me réserver de joyeuses surprises. À recevoir les témoignages de la première décennie, plusieurs réactions revenaient souvent. Mais surtout, comment se rappeler autant de choses, autant de détails avec une telle précision ?

Je vous assure que ce n'est pourtant pas difficile, dans les bons comme dans les pires moments lorsqu'ils sont aussi forts ou violents, émouvants ou traumatisants, ils restent à jamais gravés dans votre mémoire, il n'y a rien d'extraordinaire là-dedans. De même que je me souviens avoir très bien travaillé cette année de sixième, entre 13 et 14 pour le français, autant pour l'anglais. En sciences, ma plus petite note était 16. Quant aux maths, j'excellais et oscillais entre 17 et 19, jamais plus. Allez donc savoir pourquoi je ne suis pas parvenue à décrocher la note suprême ! Par faute d'inattention ou simplement parce que j'étais une tête de linotte. J'étais contente tout en sachant que je vivais le début de la fin de ma vie scolaire. En effet, le père était dur au labeur, cependant, il n'était jamais riche, trop de gens étaient accrochés à ses basques, la mère en première, car fort dépensière : « Je n'ai plus rien à me mettre, je manque de tout ! Les autres ont ceci, les autres ont cela. » Les autres, encore les autres, toujours les autres, étaient ses éternelles récriminations.

Pourtant, au cours de leur récent déménagement, en 2001, quatorze sacs-poubelle de cent litres remplis de vêtements tout neufs mais piqués aux mites, faute d'avoir été portés et protégés, ont été jetés aux ordures ; six autres sacs d'habits encore portables ont rejoint la Croix-Rouge ; trois autres sont allés chez Léa, la dulcinée de mon fils aîné qui a récupéré un manteau en agneau qui n'a servi qu'une fois. En ce qui me concerne, j'ai gardé quelques robes de Madame pour en faire à mes poupées, c'est vous dire le gâchis ! C'est scandaleux ! Joli mois de mai ! Le revoilà celui-là ! Mais c'est bien la première fois que je suis aussi contente, j'en piétine comme une gosse capricieuse, aujourd'hui, mentalement, je réagis à l'identique.

C'est un mercredi après-midi, je vais rejoindre la mère chez la mégère, Reine est là aussi pour changer, Jean est de passage en sortant du boulot, également Paul et Jeanine, ainsi que Georgette qui rapporte le pain. Je ne suis pas arrivée depuis plus d'un quart d'heure lorsque les gendarmes s'invitent chez les anciens, et pour cause ! Ils sont chargés d'arrêter André pour exhibitionnisme. La grand-mère crie à l'injustice, elle affirme qu'ils se trompent et leur ordonne de sortir, à deux doigts de se prendre un coup de manche à balai, jusqu'à ce que l'officier présent se fâche et montre le mandat d'arrêt. Sainte famille s'il en est, personne ne comprend ni ne sait pourquoi ou fait semblant de ne pas savoir, mais moi je sais, il a fait du mal à une personne étrangère, au clan, et ce quelqu'un-là n'a pas l'intention de fermer ni ses yeux ni son bec, VICTOIRE ! C'est avec une joie sans bornes que je le regarde partir, les menottes aux poignets. Je jubile, je sors de l'appartement pour ne choquer personne mais, curieusement, sur mes talons se presse Georgette. Je me retourne, surprise, elle me regarde, ses yeux sont lumineux, je me rends à l'évidence, ma joie est partagée, elle me dit :

— T'es contente, hein ?

— Oh oui ! S'ils pouvaient le garder enfermé jusqu'à la fin de ses jours !

— Je te comprends.

— Oui, je le crois et ça m'étonne ! Pourquoi partages-tu cette euphorie avec moi ?

— Depuis que les parents sont divorcés, tous les matins, il guette de départ de Papa, et dès que je suis seule, j'ai droit à sa visite, il me tripote partout et a tenté de me violer par trois fois, mais sans succès, il a été dérangé.

— Et personne ne fait rien pour toi, personne ne t'aide ?

— Non. Ta mère le sait pourtant.

— Elle ne fera rien, sache-le. Mais que vas-tu devenir maintenant ?

— J'espère que la majorité à dix-huit ans sera votée et si j'ai cette chance, je partirais. »

Bécasse que je suis ! Dans la fougue de mes bientôt quatorze ans, dans mon désir de lui voir toujours ce radieux visage et de l'imaginer heureuse, je lui réponds bêtement : « Je vais prier pour que cela arrive et si tu pars sans m'avertir, je saurais pourquoi et penserais très fort à toi ! »

Du fait, quelques mois plus tard, Georgette s'enfuit en catimini emportant sa valise et laissant là un éternel assisté, son père, ses deux frères, l'aîné, fainéant et le second, voyou patenté, plus, la plus jeune Sylvie. Mais après avoir enduré tout cela, pourquoi Georgette aurait dû être sacrifiée plus que les autres ? Quel scandale cette fois encore, car il va de soi que c'était la même putain que sa mère ! En cas de grande tempête ou tas de merde trop important, il faut Robert, où est-il ce gros con ? Vous avez bien compris, c'est du père qu'il s'agit, charmant !

Eh bien, il n'est pas là, parti pour quatre jours sur un gros chantier, il n'est pas joignable et moi, je patauge dans le bonheur, la mère commence son cinéma et est prête à faire des pieds et des mains pour le faire rentrer, comme toutes ces pures races qui sont incapables de laisser traîner des papiers dits confidentiels. Je prends la situation en main, transportée par la colère qu'a fait naître l'attitude maternelle : « Le père n'a pas à se déplacer, il ne peut rien pour vous, le papier précise que seul un membre de sa proche famille peut l'assister, lui-même accompagné d'un avocat. C'est à toi Paul, en tant qu'aîné, de faire le nécessaire. »

J'avais poussé le démoniaque jusqu'à leur exposer crûment les faits sans mettre de gants et de rire sous cape en assistant à une débandade de couards en tous genres se rejetant la pierre les uns aux autres :

— Non, c'est pas moi, c'est Henriette l'aînée, et ça remue un peu !

— Mais bien sûr, elle va venir de Palaiseau sans permis de conduire.

— Octave a qu'à l'accompagner !

— Et laisser ses trois filles toutes seules loin, longtemps, pour un frangin néfaste !

À bout d'arguments, il se décide enfin, mais ils sont tous tellement courageux que Jean doit le prendre par la main et la grand-mère, haineuse, me fusille du regard en disant : « Le premier qui dit quoi que ce soit, je lui casse une bouteille sur la gueule ! C'est compris, espèce de pourriture ! »

La sagesse aurait voulu que je garde le silence, mais ma joie, comme autrefois mon désespoir, l'emporte et je réponds : « Mon Dieu, comme j'ai peur ! Merci à la justice de mon pays ! »

Je suis sortie comme j'étais entrée, tout en spécifiant au passage à la mère que je retournais à la maison. Comme mon jardin m'a semblé merveilleusement beau ce jour-là, je me rappelle avoir laissé la porte ouverte et ne pas avoir fermé le portail à clé, un sentiment fou de liberté, une sensation de bien-être que je n'avais jamais ressentie jusqu'ici, mais ma délivrance ne sera complète qu'à l'annonce de sa mort, il me faudra donc attendre encore longtemps, ne dit-on pas que « tout vient à point pour qui sait attendre ». Ceci dit, je profitais pleinement de cet acompte en attendant des jours meilleurs. Lorsque la mère rentre le soir, il est 21 heures 45, la table est mise, le repas est prêt, il n'y a plus qu'à se mettre les pieds sous la table pour le déguster. Je la presse, je ne suis pas le père qui l'attend durant des heures en se gavant de pain et fromage, c'est d'ailleurs la dernière chose qu'il devrait faire, il a beaucoup de soucis, mais avec une famille pareille cela n'a rien de bien étonnant, et j'ai l'impression de le voir gonfler de jour en jour, il faut dire qu'il a atteint les 110 kg je le fais remarquer à la mère et lui dis qu'elle pourrait penser un peu plus au père au lieu d'être tout le temps en train de se regarder le nombril, je l'ai vexée : « Ouais, ben, il n'a qu'à pas boire autant de vin, dans une bouteille y a quarante-quatre morceaux d'suc, je l'sais, ils l'ont dit à la radio ! »

Bon sang ! S'ils pouvaient la fermer ceux-là de temps en temps, ça ne ferait pas de mal.

« Ont-ils dit combien il y avait de matière grasse dans le fromage et le pain ? Nourriture dont il se gave lorsque l'on t'attend jusqu'à plus de 23 heures. Si je racontais ça à l'école, on refuserait de me croire ! Comment crois-tu que l'on puisse apprendre dans de telles conditions ? Mais ce n'est pas ton problème, ta famille passe avant tout, même avant ton mari. De quel droit vous permettez-vous de l'appeler « Gros con » ? Je te rappelle que c'est ce gros con qui travaille comme un damné pour vous torcher les fesses ! Vous n'avez aucune fierté ! »

Je n'ai plus aucune retenue, seulement de la colère, prête à tout massacrer sur son passage, elle s'en rend compte et s'adoucit, du moins en apparence :

— Excuse-moi, mais c'est toi, t'es là, tu gueules.

— Non, ne rejette pas tes fautes sur moi, tu es responsable de la situation, des agissements de la famille vis-à-vis du père et tes excuses ne suffisent pas, il faut aussi celles des autres ; et pas à moi, mais à Pandore, il ne mérite pas cela !

Finalement, la tempête tombera aussi subitement qu'elle s'était déclenchée, puis elle me conte le reste de l'histoire :

— André a montré son service trois-pièces à la fille de la gardienne et elle a porté plainte, tu t'rends compte, cette salope. C'est quand même un malade, c'est dégueulasse !

— S'il est tellement malade, il faut le faire enfermer. Il est bien là où il est.

À cet instant précis, je fais un effort surhumain pour garder mon calme.

« Je vais te dire ce qui est dégoûtant, c'est ceux qui savent et ne bougent pas, ceux qui ne font rien pour ceux qui sont persécutés, ceux qui toute leur vie vont devoir faire avec les abus sexuels dont ils ont été victimes, mais ceux-là n'ont rien à dire et c'est tout à fait normal, parce qu'avant, ils étaient bien dans leur peau, après, ils sont détraqués pour le restant de leur existence, mais ça, ce n'est pas grave, l'autre pauvre chéri, il est malade, il ne faut rien dire, il faut laisser faire, bien voyons, pourquoi pas ? Et c'est avec des raisonnements à la con comme ça, qu'il y a quantité de gosses qui doivent souffrir en silence, ça va de soi, ils dérangent, eux ! »

Aujourd'hui, deux cent trente-troisième jour de l'an 2003, j'ai véritablement écrasé la mine du stylo en écrivant ces lignes, avec la folle envie de crier ma haine aux psys de tous poils, gardant bien au chaud toutes ces pourritures, faisant tout pour les préserver, les protéger des railleries, les petits chéris, ils sont si malades ! Nous, les normaux, ne perdons pas de vue qu'il s'agit de leur gagne-pain, n'est-ce pas, Mesdames et Messieurs ? Partant de là, il n'y a plus rien à dire, je me demande encore comment je fais pour ouvrir mon cœur à ces spécialistes, sachant pertinemment qu'ils feront des pieds et des mains pour me prouver que j'ai fait un drame de trois fois rien, qu'il faut que je comprenne, que je me mette à la place d'eux. Eh bien, moi, petit rien du tout, je vous hurle, JAMAIS ! Une triste affaire du même genre vient d'être jugée. À la télévision, on nous montrait les jeunes victimes de l'époque qui, devenues grandes, ont enfin obtenu gain de cause. Ils nous disaient de ne pas avoir peur de parler, je suis entièrement d'accord, mais encore faut-il être écouté. Pour vous, il s'agissait d'un ami proche de la famille, mais c'est encore pire lorsqu'il s'agit d'un membre de la famille ; et ça tourne au cauchemar si vous n'êtes qu'un bâtard.

Les vacances se passeront comme d'habitude à la maison pour y assurer les travaux coutumiers, mais, en plus, Ève nous tiendra compagnie, elle a bien grandi, surtout mentalement. N'étant plus sous la tutelle exclusive de la grand-mère, son attitude à mon égard avait bien changé ; nos rapports resteront amicaux durant tout son séjour et même au-delà, je préciserais même qu'une certaine complicité s'était installée entre nous, et pour cause ! Ève refusa d'aller dormir dans mon fauteuil-lit, du moment que moi j'étais reléguée au grenier, elle irait aussi. Il est certain que seules toutes les deux, le flux passait mieux. Personne pour nous imposer notre façon de penser et, surtout, pour nous obliger à dire ce que nous n'avions pas envie de dire. Il est clair que de jour en jour, je la surprenais par ma franchise crue et parfois dévastatrice et, s'apercevant vite que j'étais très souvent, voire tout le temps, en désaccord avec la mère sur le principe de faire des ragots de tout et de rien, un soir, alors que la madone des lamentations s'était copieusement attendrie sur le sort de ce cher André, toujours en prison par ce beau temps, je trouvais le comportement d'Ève on ne peut plus bizarre. Mais ne voulant pas y croire et surtout, dans ces cas-là, ne voulant pas ouvrir ma bouche, condition absolue pour garder mon sang-froid, j'observais un silence obstiné. Après avoir aidé Madame Cancans à la vaisselle, nous nous sommes installées avec le père autour de la table et plusieurs parties de rami aidant, c'est à la belle étoile et éclairées de la lune que nous avons rejoint notre grenier.

Là, nous étions bien toutes les deux, chacune sur un lit de camp, la porte ouverte à la fraîche, savourant notre coin d'intimité. Mais bien loin de vouloir dormir, Ève avait surtout besoin de parler. Pourquoi ce soir-là ? Pourquoi à moi ? Jamais, je ne lui poserai la question. Est-ce pour cette raison que plus tard, elle laissera sa mère se faire battre comme plâtre par son père, durant plusieurs années jusqu'à ce que mort s'ensuive ? La rendait-elle seule et unique responsable de la situation ? Si c'est le cas, grossière erreur de sa part, car sa pauvre mère était volontairement laissée dans l'ignorance la plus totale, la seule chose à laquelle elle était impérativement obligée, c'était de s'occuper de la charcuterie au moment des faits, et ensuite des glaces. Mais à cette époque, Ève était avec eux. En revanche, Marc savait, mais aussi sûr qu'il savait que Tata Jeanine n'aurait pas hésité à tout plaquer pour sa gamine, il a préféré garder le silence, n'hésitant pas, pour des oui ou des non, à faire porter le chapeau à sa femme.

Toujours est-il que cette ordure d'André a fait des dégâts bien au-delà de ceux à qui il a fait du mal. Sagement, j'écoute ses aveux terribles, je reste calme, répondant le plus posément possible à une Ève en pleurs. Elle me raconte ce qu'était devenue sa dernière année chez les grands-parents, comment il lui arrivait de s'enfermer dans les waters quand par malheur Mémère n'était pas revenue de ses courses et qu'elle devait affronter seule un sexe au vent dégoulinant, comment le soir il parvenait à tromper la vigilance de l'ancienne pour aller dans la chambre la tripoter dans son lit, comme elle était terrorisée et avec quel soulagement elle les avait quittés, enfin !

« Il n'a jamais réussi à me toucher, juste une fois, il a failli réussir, mais Mémère est arrivée, elle lui a flanqué une de ces gifles ! » me dit-elle. C'est plus fort que moi, cette phrase me fait sursauter, je me rends à l'évidence, cette vieille charogne savait, mais ne faisait rien, voilà pourquoi elle était si bien placée pour dire que ça puait dans la pièce après ma dernière agression. Ève était déjà partie, il restait moi, et en tant que bâtarde, j'étais bonne à donner en pâture. Robert ne bougerait pas, personne n'a jamais bougé, seuls ces étrangers sont allés jusqu'au bout et ont même obtenu des dommages et intérêts pour le préjudice causé. Nous, les enfants, Georgette, Ève et moi, avons dû encaisser sans rien attendre et surtout rien recevoir de nos adultes, pas même une écoute, nous dérangions et, comme la mère l'a dit et le dit si bien, ce sont des histoires, du cinéma : « Et pis, de toute façon, on peut rien faire, c'est le toubib qu'il dit. »

Pour tenter de calmer le jeu, je lui conseille de parler avec sa mère, elle me répond qu'elle verra et par là même me supplie de n'en parler à personne, surtout pas à la mère. Je promets sans difficulté, je ne connais que trop bien la longueur de la langue de ces gens, j'ai depuis quelque temps déjà pesé la perversité de leur âme : « Sois sans crainte, sur la croix que je porte à mon cou, je ne parlerai de rien, surtout pas à la mère. »

Surprise une fois de plus par la détermination aux angles droits de ma réponse, elle me dit :

— À ce point-là ?

— Tu ne peux pas imaginer, c'est très particulier, c'est plus que ça, c'est terrible, il faut vivre avec en permanence pour s'en rendre compte, c'est très lourd à supporter. Je compte sur toi pour ne rien répéter, seulement t'en souvenir pour éviter de te laisser aller aux confidences. D'accord ?

— Eh bien, nous voilà unies par une même promesse, garder le silence, pour une fois bienfaisant.

J'ai gardé pour moi ce que j'avais subi, je n'en avais parlé qu'une fois et en partie seulement, et pour voir ce que cela a donné ! Depuis, plus rien. Ce n'est pas un sujet qui s'aborde aisément, car il engendre fatalement des questions indiscrètes auxquelles nous ne sommes pas forcément prêts à répondre et je pense sincèrement que, psychologiquement, nous ne le serons peut-être jamais. Par cet acte, nous avons perdu confiance en nous et nous ne pouvons nous laisser aller complètement. De plus, il suffit que vous soyez en concubinage ou marié à un indélicat et le tour est joué, toute votre existence restera méfiante et réservée, du moins sur le plan sexuel. Bien, laissons pour un temps ce sujet épineux pour vaquer à des occupations plus passionnantes, bien que les psys soient convaincus que sans le sexe, la vie ne vaut pas la peine d'être vécue, et, heureusement, ce n'est pas le cas sinon, moi parmi tant d'autres, nous ne serions plus de ce monde. Dans notre courte et fin de nuit, Ève avait retrouvé toute sa sérénité et son calme, nous étions vendredi, jour sacro-saint s'il en est, car jour de marché, la mère voulant jouer les midinettes s'est fait rabrouer sans ménagement par une Ève bien décidée à faire respecter son état d'adolescence.

— Moi, je ne suis pas Domino, tu ne me feras pas passer pour un pantin, tu me fous la paix et à elle aussi !

— Dis donc, merdeuse, je vais le dire à ta mère !

— Eh bien, vas-y. Elle te dira que j'ai raison, jamais elle ne me ferait ça, jamais ! Je sors avec des copines et des copains, Coline aussi. Toi, tu cloîtres Domino. Pourquoi ne lui interdis-tu pas de respirer pendant que tu y es ?

Je peux vous dire que cet échange verbal et tumultueux s'est poursuivi jusque sur le marché. La mère prenant à témoins les marchands et Ève exposant ses convictions, bien déterminées l'une et l'autre à gagner la partie. Ça ne me disait rien qui vaille pour ma peau, et j'avais raison.

Je dois dire que cet échange m'a beaucoup ouvert les yeux, car je m'apercevais que des personnes bien plus âgées que la mère étaient mille fois plus tolérantes vis-à-vis des jeunes ou tentaient au moins de les comprendre. Je comprenais mieux pourquoi les nazis avaient besoin de si peu de soldats pour garder leurs camps de concentration, la pression psychologique est si puissante que l'on finit par ne plus réagir, ne plus se rebeller tout en bouillant en notre for intérieur, comme tous ces rescapés qui ont su garder en eux la foi qui leur a permis de repartir de plus belle dans la vie. La mère n'a pas décoléré surtout après qu'elle se fût fait remonter les bretelles par sa sœur, elle était cependant sûre de trouver auprès d'elle le soutien nécessaire ; or elle n'obtint que des reproches. Quel prix j'ai encore dû payer cette fois-là ! Dès que le père est rentré, fatigué et incommodé par la chaleur, elle lui conta toute la mésaventure et même un peu plus du style : « Tu l'aurais vu, le regard qu'elle faisait, c'est nous faire passer pour des bourreaux, tu te rends compte ! Ça, mon vieux, faut pas laisser ça là, sinon c'est foutu ! » Il n'était pas utile d'en dire ou faire davantage, le coq prit le pas sur Pandore et ce dernier sur le père, conclusion ? M'ayant saisie par le bras, je fis trois tours sur moi-même, à chaque tour, je prenais un revers de main pour finir par un vol plané dans la salle à manger, complètement scotchée sur le buffet. Paralysée, Ève a assisté impuissante à la scène, elle a couru puis s'est baissée vers moi et m'a demandé : « Tu n'as rien de cassé ? Il y a du sang au coin de ta bouche. » Je la rassure comme je peux, je suis meurtrie de partout, et, le plus doucement possible, je lui fais comprendre que je n'existe pas, que le coq ne se gère pas et que la mère n'a pas son pareil pour employer les mots qu'il faut, Ève est atterrée.

— Tu te rends compte ! Il pourrait te tuer et Tata est contente ?

— Tu verras, la soirée va être des plus agréables. Madame ne tolère pas que son jugement soit discuté et que sa personne soit mise en cause. Et toi, tu l'as bravée toute la journée et, qui plus est, devant témoins, je dois payer. Rassure-toi, je viens de régler ta facture, ce n'est pas grave, je m'en remettrai.

— Mais ce n'est pas juste, c'est moi qui ai fait ça.

— Chut, tout va bien, j'en ai vu d'autres.

Ève pleure et dans son regard je lis une détermination inflexible, elle vient de prendre une décision comme seules les personnes qui ont droit à l'existence peuvent en prendre. Avant d'aller se coucher, elle gâche volontairement la soirée si agréable quelques minutes plus tôt, en appelant ses parents au téléphone pour qu'ils viennent la rechercher demain en fin de matinée, affaire conclue.

La mère vocifère :

— Voilà ! Tu vois c'que ça fait ! Dès qu'elles ont un peu de poils au cul, ce sont de vraies punaises, toutes des p'tites putains !

— Tu n'as pas le droit de me parler comme ça, tu n'as pas le droit de faire ça à Domino ! C'est moche et il n'y a pas de quoi être fière, je ne suis pas prête de revenir chez vous, pas pour voir ça !

Le lendemain, la matinée fut houleuse, Marc essayant de raisonner les parents, le père s'empressant de lui rappeler Saint Brieux et pour finir par dire :

— On ne va pas continuer à s'engueuler pour une merde, tu comprends, mon vieux, c'est une source à histoires, une vraie gueule d'empeigne comme sa mère, toi tu vas avec ta fille, c'est très bien, mais pas moi, elle finirait par me foutre le feu à la maison, c'est un perpétuel échec, cette môme ! Tu comprends ?

— Ce que je comprends, c'est que vous n'avez pas l'intention de la laisser vivre normalement. Dans ces conditions, il fallait l'abandonner.

Sur ce, l'oncle qui, après plusieurs revers de médailles, était beaucoup moins sûr de tout et surtout de lui, est venu m'embrasser, s'est excusé et est parti emportant Ève avec lui. Je ne la reverrai à la maison que deux ans plus tard. Heureusement que son père a toujours besoin de quelqu'un pour lui moucher le nez, ce qui le faisait souvent appeler chez nous pour demander de l'aide qu'il obtenait sans l'ombre d'une hésitation. Les remontrances, les sous-entendus publics déplaisants, les reproches, l'ordre de ramper, la soumission absolue m'étaient exclusivement réservés, les autres n'avaient rien à craindre.

Après ce départ précipité, la mère, sans aucun remords, s'inquiète auprès de moi de savoir quelle mouche a piqué Ève, et moi de lui faire remarquer que ce qu'elle me faisait subir valait autant que ce que j'avais encaissé chez les nourrices, et que ce n'était pas brillant. Aucune de ses chères nièces n'accepterait ce genre de traitement, une fois qu'elle aurait décidé de comprendre ce point de vue, tout irait bien. En fait, elle avait parfaitement compris, mais cela ne l'arrangeait pas, je ne devais exister, penser qu'au travers d'elle, ne travailler que pour elle, c'était comme ça et pas autrement, et ça durera longtemps. C'est une perverse dans l'âme, toutes les grandes comédiennes du continent font figure de débutantes à côté d'elle. Elle est très loin de la folie, mais en joue volontiers, et tellement sûre d'elle qu'il ne lui est jamais venu à l'idée qu'un jour, un beau jour différent des autres, cela pourrait se retourner contre elle, jamais ! Aujourd'hui encore, à petit feu, elle est en plein ouvrage de destruction paternel et lui, complètement abruti, ne s'en rend même plus compte. On dit que « la vengeance est un plat qui se mange froid », mais restant sûre qu'il laisse un goût amer, je lui préfère la revanche, et quand cette heure aura sonné, gare à toi, Messaline ! Je ne sais pas si vous connaissez quelques pratiques espagnoles ? En ce qui me concerne, j'en connais au moins deux dont une vraiment typique qui se pratiquait encore fin du XVIIIe et début du XIXe siècle, et je ne suis pas sûre qu'elle ne se pratique plus dans les contrées éloignées, au fin fond de ce pays, mais j'espère que non, quand même. Lorsqu'une jeune épouse met son premier enfant au monde, fille ou garçon, elle ou il reste libre de vivre et de se marier. En revanche, lors de la venue au monde du deuxième enfant, si c'est un garçon, chez les nobles il sera consacré à l'Église, chez les bourgeois, avec un peu d'intelligence on le laissera voyager et faire ses preuves dans la vie, mais si c'est une fille, hélas ! trois fois hélas et même plus ! Elle sera sacrifiée à sa mère, c'est-à-dire que dès son plus jeune âge, tout droit à la vie normale lui est refusé et dès ses huit ans, dix au plus, elle restera à vie sa bonniche à tout faire, de la toilette du matin au bain du soir, en passant par les repas et toutes les activités pratiquées sur ordre seront décidées, choisies par sa mère, celle-ci pourra bien la matraquer, personne ne bronchera, tout ceci restera normal et dans l'ordre des choses. Je crois que celle qui m'a dressée a dû rêver tout éveillée de mettre en application ces pratiques, tout comme le père qui avait décidé que ce serait lui qui choisirait celui avec lequel je devrais me marier. Il a bien failli réussir et me croyant arrivée au paroxysme de l'insupportable, pour échapper à cette prison, je me suis laissée choir dans une autre où des bras qui sont la création même de l'égoïsme se tendaient. Mais laissons cela pour plus tard.

Il est 18 heures 53 minutes, fin de la trente-quatrième semaine de l'an 2003 et il me faut m'arrêter, car dès que je me plonge dans des souvenirs trop pointus, plus douloureux, je passe de mauvaises nuits et il va de soi que mes douleurs s'accentuent elles aussi, ensuite quand le docteur Markitos demande : « Comment allez-vous ? » Et que ma réponse ne l'enchante pas, je le sens contrarié et lui-même le dit : « Je suis en état d'échec avec vous. »

Et encore un, s'il pouvait savoir combien il m'est pénible de l'entendre prononcer ce mot, me faut-il croire que j'en suis encore là ? Que je n'ai pas évolué, suis-je tellement pestiférée que la seule façon d'en sortir, c'est d'en finir avec moi ? Suis-je si horrible qu'il faille m'anéantir ? Je ne le sais pas puisque vous ne m'avez prodigué aucun conseil, ni écrit ni oral, mais n'en doutez pas, il semblerait que je sois un trop gros morceau pour vous, vous ne pouvez, semble-t-il, rien faire pour moi. Mes rapports avec Twid sont plus calmes, et pourtant c'est un psychiatre. Mon Dieu, que me réserve l'avenir ? Je ne le sais pas, ce que je sais, en revanche, c'est que, malgré le vieillissement, le père est prêt à croire tout ce qu'on lui dira de mauvais sur moi. Quant à la mère, plus le temps passe, plus sa morphologie est la réincarnation même du grand-père avec sa bêtise, le tout couronné de la vacherie de la grand-mère, vraiment alliage terrible s'il en est, mais, dans ce domaine, je sais que je ne peux rien faire. En ce mois de septembre 1973, j'étais inquiète, je n'avais plus du tout les mêmes professeurs, il me fallait partir à l'aventure et je ne me sentais pas prête. Comble de l'ironie, à peine ce mois se terminait-il que je tombais malade, rien de grave en vérité, d'après le médecin A. (roi des incompétents, courageux comme un âne qui recule) ; c'était l'appendicite !

Je serai donc opérée au plus vite, en pure perte, le chirurgien fut formel, il n'y avait aucune inflammation, mes maux de ventre étaient dus à une autre chose, mais quoi ? Je revois l'air courroucé de ce cher A. lorsque la mère lui fit part de cette éventuelle erreur, et le ton sans réplique avec lequel il s'est adressé à moi : « Tu n'as plus envie de vomir ? Tu n'as plus mal au ventre ? Bon, c'est moi qui ai raison ; et ce n'est pas parce que le chirurgien n'a rien vu que ce n'est pas ça. » La discussion était close.

Ma reprise d'école se fait après les vacances de la Toussaint, je remplace l'institutrice des petits, partie en congé de maternité. Une visite médicale scolaire est prévue. Une fois celle des petits terminée, une cantinière les garde le temps que je passe la mienne. Toujours ces yeux hagards face à ma corpulence. Pour moi, cela ne change rien, si ce n'est trois centimètres de plus. En effet, la toise annonce 176 centimètres pour 55 kg et le compte rendu est rédigé de la sorte : « *Développement physique impressionnant, retard scolaire sans aucun rapport avec la maturité du sujet.* »

De début novembre à début février 1974, je resterais la tutrice des petits, me retrouvant ainsi en porte-à-faux, car, devant servir d'exemple aux plus jeunes, je ne pouvais plus fraterniser avec mes camarades qui, du reste, n'étaient pas à la même récréation que nous, et, n'étant qu'une élève sur la voie du départ, je ne pouvais en aucun cas me mélanger aux professeurs. De cette situation, je tirerais une grande et pesante solitude que seule Isabelle, dite « Haricot vert » par son courage, osait parfois troubler. Suite à un entretien houleux avec mon paternel, ma directrice se gardait bien du moindre encouragement. Eh oui, celle-ci voulait à tout prix que je fasse comptable, d'après elle, j'en possédais toutes les facultés, mais vu sa fortune, le père s'y opposait formellement. Du fait, un soir, dès son retour, j'appris que le 10 février serait mon jour d'embauche à la librairie de Corbeil. Je n'avais pas encore commencé que la mère posait ses conditions, chaque fin de mois, à la réception de mon salaire, je devrais lui en verser les trois quarts, il était pour elle hors de question que je garde tout, à mon âge ! J'étais bonne pour le boulot, pas pour les sous. Ce fut ainsi que je mis pour la première fois et officiellement les pieds dans la vie active. C'était un travail qui ne me plaisait absolument pas. De plus, une nièce de la mère était en poste dans cette librairie depuis deux ans déjà et, comble d'ironie, entretenait avec son patron des relations ambiguës. C'était bien ma veine ! Elle se prenait pour la patronne, elle me faisait déblayer les étagères pour faire ce qui n'avait pas été fait depuis longtemps, les poussières. Ensuite, je devais tout ranger, il me fallait apprendre les différents journaux et magazines. Rendre la monnaie était mon plus grand calvaire, car j'étais directement en contact avec la clientèle. Contrairement à ce qu'il vous convient de croire et qui vous arrange souvent, la bête est plutôt timide et doit se faire violence en permanence pour affronter la vie. Malgré mes connaissances en anatomie, je restais très ignorante en ce qui concerne les rapports qui pouvaient exister entre un homme et une femme, et là, sous mes yeux, alors que j'en prenais plein les trous de nez, le patron, après avoir copieusement palpé les fesses de Viviane et qu'ils aient tous deux dégusté une glace, l'entraînait dans l'arrière du magasin d'où, un peu plus tard, s'échappaient des gémissements et des soupirs à n'en plus finir.

La mère, loin d'être aveugle et de crainte que je n'insistasse pour retourner à l'école, décréta que ce n'était pas un boulot pour moi. Je devais impérativement faire coiffure. Son calcul était toujours à son avantage, cela allait de soi ; je la coifferai toutes les semaines gratuitement, elle se mettait mon salaire dans sa poche et me laissait généreusement mes pourboires. Début juin, nous voilà donc partis, le père et moi, chez Monsieur Beaugange qui tenait le salon de coiffure mixte dans un quartier bien mal fréquenté de Corbeil que je ne citerai pas. Ce futur employeur proposait une très bonne formation professionnelle, ce qui n'était même pas venu à l'esprit du père, pensez donc ! Lui seul avait la capacité de former un jeune en prévision du CAP. Et voilà comment je signais mon contrat d'apprentissage mixte pour trois ans, mais seulement après trois mois d'essai : juin, juillet, août, pour être sûr que la bête en valait la peine. Jours de fermeture : dimanche et lundi.

Le mardi, je suivais les cours de théorie qui se déroulaient à Savigny-sur-Orge et le mercredi, ceux de pratique qui me transportaient jusqu'à Versailles. Lorsque je montais dans ce train, j'avais l'impression de partir en voyage. Que c'était agréable ! J'allais de la gare au centre à pied, je passais devant le château et une caserne. Au grand dam de la mère, je ne faisais que quatre-vingts francs par mois pour trente-deux heures de travail au salon en trois jours, le vendredi et le samedi étant des journées continues où je débutais à 8 heures 30 pour finir à 19 heures. Il m'arrivait souvent de me faire autant par semaine en pourboires, argent que je gardais précieusement, il me fallait payer mon train, le bus, mes vêtements et mes repas, car, dans l'affaire, je ne rentrais plus à la maison pour manger que le jeudi. Mais un jour, j'ai commis l'impair d'aller m'ouvrir un livret de caisse d'épargne pour y déposer mes premiers soixante francs. Quel scandale ! Je devais les lui donner, c'était comme ça ! « Tu ne crois pas qu'tu vas t'mettre du pognon de côté sur not'dos, pendant qu'nous, on t'nourrit ! » Finalement, le père interviendra fermement, lui disant clairement qu'il ne fallait pas pousser et, au passage, lui fait remarquer que ses nièces, du même âge que moi, n'en font pas autant. Face à l'adversité, elle reculera. Car, en ce qui concerne ma garde-robe, les vêtements se comptaient sur les doigts de la main. Il ne faut pas rêver, avec une fois de temps en temps quatre-vingts francs à mettre dans le commerce.

La première véritable crise eut lieu vers le mois de janvier 1975. Nouvelle collection oblige, Monsieur Beaugange étant, de par mon contrat, mon maître d'apprentissage à qui je devais obéissance comme à un père, il décida qu'il était plus que temps de me donner une autre allure, plus moderne, moins guindée, donc de me couper les cheveux. Il est vrai qu'une fois le travail terminé, le résultat était assez surprenant. Madame Beaugange s'était fort appliquée avec l'appui d'une technicienne travaillant pour une enseigne parisienne mondialement connue que je ne citerai pas, bien évidemment.

C'était le début des brushings qui faisaient des coiffures soignées mais naturelles, non apprêtées comme la mise en plis. Les deux jeunes coiffeuses avec lesquelles je travaillais, me regardaient avec attention. Nadine préconisa et, dans le feu de l'action, me maquilla, tout en légèreté mais affirmé. Et afin d'apaiser mes doutes et mes interrogations, la technicienne m'offrit ma première palette de fards, mon premier crayon pour les yeux et mon premier bâton de rouge à lèvres. « Pour toujours arriver au salon, soignée, c'est une règle d'or à respecter. »

Quant à Sylvie, rêveuse, elle me dit que j'étais jolie et s'offensa devant mon manque de réaction face aux compliments : « Si c'était moi, je serais folle de joie et sauterais au plafond ! » affirma-t-elle. Son exubérance enfantine me fit sourire, je la laissais dire, elle ne pouvait pas comprendre. Mes pensées étaient ailleurs, mais une question sortit malgré moi : « Qu'est-ce que va dire la mère ? » Gentiment, la patronne m'expliqua que le métier s'apprenait aussi en le pratiquant sur soi, que nous nous servions mutuellement de modèle et que, dès la prochaine semaine, je m'appliquerai sur les autres. Nadine fut la première à lever les yeux au ciel et dit : « Si elle doit me faire la même tête que j'avais faite à celle sur qui j'ai travaillé la première fois, bonjour la catastrophe ! Le lendemain matin, elle avait des épis partout. » Et Sylvie d'insister : « Moi, elle n'avait pas encore quitté le salon et, en plus, je lui avais brûlé une mèche ! »

Toutes éclatèrent de rire aux souvenirs de leurs anciens exploits, je me gardais bien de les imiter, trop terrifiée à l'idée de les affliger de telles maladresses et, surtout, très inquiète des réactions maternelles, une inquiétude justifiée, n'en doutez pas. En effet, à peine avais-je franchi le seuil de la porte que ses hurlements me paralysèrent, ce ne fut plus un scandale, mais une affaire d'État. Arrivant de la salle de bains, elle traversa la maison et me fonça dessus en m'injuriant : « Salope, pourriture, sale morue, je t'avais interdit de t'faire couper les cheveux, y sont à *moa* ! C'est grâce à *moa* si t'as d'tels cheveux, ordure ! S'faire chier à élever un môme qu'est pas l'vôt'e, et voilà le résultat ! Aucune reconnaissance, t'avais qu'ça de beau, tu ressemblais à quelque chose, maintenant t'as ni cul ni tête ! »

Chaque grossièreté fut accompagnée d'un coup-de-poing ou coup de pied. Pour finir, elle m'attrapa les cheveux à pleines poignées et me les tira dans tous les sens. J'étais tellement abasourdie que je glissai le long de la porte d'entrée, que je n'ai eu que le temps de la franchir avant de me faire agresser. Elle continua à s'acharner sur moi et ce fut à grands coups de pied qu'elle m'accompagna sous la verrière. Je valse dans tous les coins, je trouve refuge sous le bureau du père pour tenter de me protéger au mieux. Elle est complètement hystérique quand elle décroche le téléphone pour prévenir la famille de la terrible épreuve que je viens de lui infliger. Moi, je reste sous mon abri, en pleurs, essayant de me ressaisir. Je me décide enfin à sortir de là, j'ôte mes chaussures, mon manteau, je me sens brisée de partout, dans la salle de bains, tel un automate, je me lave les mains, baigne mon visage, oubliant complètement mon léger maquillage qui coule, je suis dans un état ! Toute congestionnée, mal à la tête. Et dans ma tête, tout explose. Qu'est-ce que je vais faire ? Qu'est-ce que je vais devenir ? Je ne peux plus penser, je l'entends seulement vociférer à l'autre bout de la maison, me traitant de putain : « Si tu pouvais voir sa gueule de traînée, une vraie morue maintenant ! » racontait-elle à je ne sais qui.

Il était 19 heures 40 quand je suis rentrée. Une heure plus tard, elle était encore au téléphone, la famille entière y était passée. Le père arrive, lorsqu'il voit ma tête, sa surprise est réelle, mais sa première question est :

— Qu'as-tu fait comme connerie ?

— Rien, mon patron m'a coupé les cheveux.

— Mets de l'arnica sur le côté de ton front et sur ta joue, sinon demain, tu ne seras pas belle à voir.

« Ça me fait bizarre de te voir les cheveux coupés, ça change » seront ses seuls commentaires sur la CATASTROPHE, pour le reste, rien, je suis habituée.

Il est 21 heures 45 quand nous passons à table et le pugilat n'est pas fini, c'est maintenant armée d'une cuillère en bois qu'elle me tape dessus en ponctuant de ces mots : « Espèce d'ordure, tu veux t'défigurer, eh ben, j'vais t'aider ! » Je n'ai que le temps de me baisser pour éviter la fourchette devenue volante pour la circonstance. « Fous l'camp, salope, t'as pas besoin d'bouffer ! » le père intervient enfin : « Ça suffit, tout ça pour des cheveux ! Ça va me revenir cher en téléphone. »

Belle parole, en vérité, c'est toujours très amer, après une telle correction, de constater, pour la énième fois, que l'on est moins importante qu'une chose, en l'occurrence, la facture de téléphone. Et en moins de six minutes, je viens de débiter ce triste souvenir, et *a posteriori*, la colère gronde en moi, je vais même être obligée d'arrêter, j'ai trop mal à la tête tout en ayant pris soin de porter mes lunettes. Ce sont des moments qui vous brisent et des souvenirs qui vous anéantissent. Si cela vous semble trop aberrant, ne le croyez pas, mais si vous l'avez vécu, alors consolez-vous en vous disant que vous n'êtes plus toute seule, que c'est arrivé à d'autres et que vous l'ignoriez. Et je comprends de mieux en mieux le petit nombre de soldats allemands pour la garde des camps de concentration, il ne s'agit en fait que d'un savant dosage, maintenir la pression en permanence, interdire la moindre fantaisie, épier ou faire épier les moindres faits et gestes pour les contrecarrer immédiatement, avant même qu'ils ne se soient produits parfois, mais toujours dans la violence. Petit à petit, votre mental se ramollit, on ne devient pas complètement fou, on ne reste pas complètement serein, juste ce qu'il faut pour fléchir, plier, se courber, à la limite de ramper pour protéger tant bien que mal le peu de dignité qu'il nous reste, sauver ce qui peut encore l'être de notre carcasse, la préparer aux coups futurs avec l'espoir qu'un jour on s'en sortira.

Nous sommes le mardi 9 septembre 2003, ça y est, enfin ! Tous mes feuillets de la première décennie sont photocopiés, il ne me reste plus qu'à les assembler le plus proprement possible pour tenter d'en faire quelque chose de présentable et de lisible, de les faire parvenir à ceux que la vie a mis sur mon chemin. J'attends beaucoup et compte beaucoup sur leurs avis, au travers d'eux, j'espère pouvoir enfin voir clair ; ils ne peuvent même pas imaginer l'importance que cela a pour moi.

Le lendemain, il me restait une trace bleue sur le front et à la pommette, celle-ci restant la plus facile à dissimuler. Dès mon arrivée au salon, les questions fusent : « Qu'est-ce qu'a dit ta mère ? Qu'en a pensé ton père ? T'ont-ils trouvée ravissante ? » Mon Dieu, quel beau mot ! Torturée par un dressage toutes catégories dans lequel se sont fondus l'interdiction de mentir et le désir de laisser éclater ma révolte, j'ai opté pour le mensonge, quitte à être damnée pour le reste de mes jours, et comme pour tout, j'ai fait fort ! « Le père a seulement marqué sa surprise et la mère a beaucoup hurlé. » Je ne tenais pas à m'étendre davantage sur ce sujet si cuisant, mais Madame Beaugange, plus perspicace, insiste sur l'état de mon front, alors je me lance dans une tirade abracadabrante sur mon regard qui, troublé par une belle paire de mirettes, n'a pas vu assez vite la porte du bus s'ouvrir ; et voilà le résultat ! Cette petite histoire fabuleuse se termine en un éclat de rire général, elles sont contentes et moi, je m'en suis tirée pour cette fois.

Je me souviens de cette période, c'était l'année des films de fesses à tout-va, des *Emmanuelle* aux histoires d'O, ce n'était pas triste et il va de soi que dans le monde de la mode, tant vestimentaire que coiffure, les ébats et divagations en tous genres allaient bon train. Un soir de mars, toutes les employées des Beaugange furent emmenées à Paris pour un défilé coiffure d'où serait réalisé le prochain catalogue à paraître dans les salons. Sur la scène, je vois passer devant moi des filles de mon âge, plates comme des limandes pour la plupart, et se dandinant du derrière à outrance au point que, l'une d'entre elles, à force de balancements, a fini par trébucher et s'est offert un vol plané mémorable ainsi que la honte de sa vie. Parmi les spectateurs, des vieux croulants d'une cinquantaine d'années s'empressant de l'aider à se relever profitant au passage pour lui mettre une main aux fesses ou sur ses œufs au plat. Tout ceci me dégoûtait, c'était un monde aussi dégradé de l'intérieur qu'il était clinquant de l'extérieur et qui, bien entendu, ne cadrait absolument pas avec le dressage que j'avais reçu. Malgré les années écoulées et dressage mis à part, je reste tout de même convaincue qu'il faut laisser le pain frais avec la viande fraîche. Ce dressage faisait de moi un être à part et je dois bien reconnaître que, parfois, je me retrouvais dans des situations inconfortables, ou j'entendais des jugements sur moi, complètement contradictoires. Pour celles avec lesquelles je travaillais, j'étais la jeune fille bon chic, bon genre à aborder avec des pincettes ; pour des anciennes qui étaient des clientes assidues et qui se targuaient de bien me connaître, j'étais la jeune fille dont chaque parent rêvait d'avoir comme belle-fille ; pour ceux de mon âge, j'étais froide, prétentieuse, snob et complètement démodée. Bref, une relique que l'on prenait grand soin de laisser à l'écart, ou devant laquelle on peut tout dire sans y prendre garde, puisque du fait de mon éloignement, il y avait peu de chances que cela fût répété. C'était d'ailleurs la seule qualité qui m'était accordée et reconnue, « c'était pratique », avait-on coutume de dire autour de moi. Personnellement, ça ne me dérangeait pas trop, j'étais parfaitement consciente de ce décalage par rapport à mes camarades féminines. Quant aux garçons, ils semblaient respecter cette différence et même parfois l'apprécier.

Je voyais les vacances arriver avec joie et appréhension. Sachant que celles-ci se passeraient à la maison, je me demandais bien à quelle sauce je serais mangée. Quant à la joie, c'était tout simplement de pouvoir me reposer un peu. Il allait de soi que je me gardais d'énoncer mes sentiments tout haut, car, à mon âge, il n'était bien évidemment pas question de repos et avec un peu de chance, je me serais retrouvée sur les chantiers avec le père, les trois semaines durant, donc, silence. Finalement, un soir, en rentrant à la maison, je surpris les parents en grande conversation sur l'arrivée imminente d'Ève et de son frère, Loup. Comme à l'accoutumée, ils parlent haut et fort de ces deux personnes sous mon nez, mais toujours sans me voir, je suis transparente :

— Bon, faudra que de Gaulle fasse les lits là-haut pour elles, et Loup dans la salle ! tonne le père.

— Ouais, le petit reste ici, Ève et la bécasse dégagent. Quand la cigogne se pointe, il faut lui faire monter l'armoire pour leurs fringues !

Cela fait dix-huit minutes que je suis DANS la maison, je me suis déchaussée, changée et je suis prête à l'ouvrage qu'aucun d'eux ne s'est encore aperçu de ma présence. Ne voulant pas pousser la mesquinerie plus loin et sachant parfaitement que, dans tous les cas, je serai responsable, je vais même leur souhaiter le bonjour, mais c'est quand j'ai fini de monter toutes les pièces détachées qui constituent l'armoire en question et que, par maladresse, je fais tomber une étagère que j'entends la mère crier :

— Merde ! qu'est-ce que c'est ?

— J'en sais rien, mais la porte du haut est ouverte !

J'entends le père monter les escaliers quatre à quatre, il arrive tout essoufflé : « Ha ! Mais c'est toi qu'es là, tu ne peux pas prévenir quand tu rentres et ça t'écorcherait la gueule de dire bonjour ! ? »

ABERRANT ! J'ai souvent pensé et je le pense toujours que, si je devais raconter cela, on ne me croirait pas. Aussi, il est plus sage de l'écrire. Une autre aberration d'un tout autre genre qui s'est produite le lendemain soir de ce fameux jour, alors que nous attendions désespérément, à table, la madone des lamentations, le père finit par mettre la télévision. Plus d'une heure de film passé, le père et moi commencions à manger, elle arrive enfin, avec des exclamations du style : « Oh ! bordel, ça faisait longtemps que j'avais pas chié comme ça, que ça fait du bien, dites donc, une merde qui faisait au moins trois tourbillons sur elle-même, les chiottes étaient pleines, quelle merde ! Incroyable ! »

Bon sang, aucune correction, aucun respect, cette attitude me fit sortir de mes gonds et oubliant toute prudence, je lui criai :

— Tu fais le 18 et tu demandes qu'on t'envoie des motards !

— Pour quoi faire, connasse ?

— Pour escorter ton convoi exceptionnel !

Contre toute attente, le père part d'un éclat de rire à faire trembler la maison, tout en se fichant de la mère. C'est vous dire l'ambiance qui régnait chez nous.

Ève et Loup sont arrivés pendant que je travaillais, nous sommes au début de juillet, le temps est beau et je suis contente de les revoir, mes rapports avec Ève sont devenus amicaux, nous comparons nos expériences de vies respectives, moi sur le terrain, elle qui finit d'en découdre avec les bancs du collège. Nous ne sommes pas trop de deux pour supporter les facéties et les grossièretés de Loup, c'est un gamin immonde, surprotégé qui n'en fait qu'à sa tête et qui entend bien nous mener par le bout du nez. C'est mal me connaître et un jour, il pousse le bouchon trop loin, Ève finit en larmes, je tente de comprendre et ce merdeux me hurle du fond du jardin : « Putain, sale putain ! » Il ne fut pas déçu, je lui ai flanqué une gifle retentissante avec la promesse d'une seconde s'il ne se calmait pas. Il resta sans voix et tout serait rentré dans l'ordre si la mère ne l'avait pas ramené :

— Pauvre chéri, il est petit, tu n'as pas à le frapper, je vais l'dire à ton père, ma vieille, ce soir, tu prends sur la gueule !

— Il n'a pas à parler comme cela, puisqu'il est petit, sa sœur est en pleurs, il m'insulte et il a raison ! ?

— Ouais, ta mère, c'était bien une pute. Pourquoi pas toi ?

— C'est le père qui tranchera.

Ève est restée inquiète tout l'après-midi ; pas moi. Avec le temps, on apprend à s'en fiche et à savourer les derniers instants de paix, voire de vie, particulièrement, s'il s'agit des ultimes moments. Mais il n'en fut rien et Loup se fit ardemment remonter les bretelles avec ordre de changer de vocabulaire en s'adressant à ses aînées, au grand dam de la mère. Ces premières vacances de ma vie active se déroulèrent ainsi, sans autres heurts conséquents. Lorsque je repris le collier, ils étaient toujours là, et la mère était encore et toujours en vacances, pour rien au monde, elle n'aurait changé son emploi du temps, tant et si bien que la plupart du temps, à peine revenue du turbin, je me retrouvais bonne à tout faire et lorsque la rentrée arriva, j'avais sur le dos ou les épaules, comme l'on veut, déjà une dose de fatigue importante. Pour mes seize ans, Ève m'envoya un très beau collier en argent et perles de culture. Pour avoir la paix et avec la permission de ma patronne, je l'ai appelée du salon pour la remercier de cette délicate attention qui me touchait particulièrement parce qu'elle venait d'elle. Pourtant, elle a insisté sur le fait que c'était elle qui devait remercier et non moi, pour mon silence d'abord et pour Loup ensuite, qui a mis beaucoup d'eau dans son vin depuis son séjour à la maison. Je suis ravie de l'apprendre, ça ne peut que lui apporter du bonheur.

Cours techniques et pratiques ont repris, aussi suis-je inquiète, car mon professeur me demande une tête mécanique, c'est tout simplement une tête de mannequin posée sur un pied de bois avec une pince métallique que l'on visse sur le rebord de nos tables pour travailler les mises en plis, permanentes et autres fers à friser. Mais cela coûte. Jusqu'ici, je me débrouillais avec mes camarades. Mais maintenant, en deuxième année, chacun doit avoir son propre matériel et je ne gagne pas assez pour me payer tout ça. Il me faut en parler avec le père dès mon retour. J'ai eu toute la journée pour m'armer de courage, je suis donc assez sûre de moi quand je rentre à la maison, mais cette assurance est vite anéantie, le père tempête : « Marc est plus riche que moi, t'as pas besoin de leur payer autant de conneries quand ils sont là. Maintenant, on se serre la ceinture, bordel de merde ! »

Le lendemain, je porte sur mon visage les traces d'une mauvaise nuit. Étant de surcroît indisposée, je suis très mal dans ma peau et, c'est bien connu, une tuile n'arrive jamais seule, Catherine, une des nièces par alliance de la mère, vient au salon, discrète comme il se doit et parfaite copie de la famille, ça aussi, c'est connu : « Qui se ressemble s'assemble ». La voilà en route pour l'étalement de ma vie et de mes origines douteuses : « Elle, c'est une bâtarde, elle est la fille du mari de la tante de mon mari, et encore ! On dit : « Maman, sûre ; papa, peut-être ? » ! »

Elle déballe tout cela sans aucun scrupule, alors que ça ne la regarde pas et que personne ne savait, mais il va de soi qu'à peine partie, les questions pleuvent, et comme toujours dans ces moments-là, avec beaucoup d'intelligence du style : « Alors, c'est vrai ? T'es cachottière, dis donc, allez ! Raconte, te fais pas prier. »

La réponse est froide et sans appel : « Vous savez tout, il n'y a plus rien à raconter. »

Ma patronne me regarde comme si elle découvrait un zombi, mais lorsque les coiffeuses veulent en rajouter, c'est elle qui les remet en place : « Ça suffit ! Ce n'est pas un sujet joyeux, je ne veux plus rien entendre. »

Et venant vers moi, elle me fait remarquer que je suis toute pâle et me prie de m'asseoir. Ma tête tourne, je ne suis pas bien du tout. Elle s'installe à mes côtés et me demande ce qui ne va pas. Je lui conte donc vaguement mes soucis professionnels qui sont souvent liés aux personnels, il me faudra sûrement faire les marchés pour me payer mes outils, mon indisposition et ce que je viens d'entendre m'a achevée. Cette femme est très compréhensive, elle me rassure et me dit que tout finira bien par s'arranger.

Le lendemain, étant trop mal, je vais chez le médecin, mes étourdissements sont dus à la trop faible tension artérielle :

— Beaucoup de fatigue ou une grosse contrariété.

— Ça doit être ça, à la maison, elle ne fout rien ! déclare la mère.

C'est normal, nous sommes fin septembre, le mois d'août est loin et chez elle, la faculté d'oubli est rapide quand ça l'arrange, bref ! Le généraliste m'arrête huit jours. Le jour suivant, la mère décrète qu'elle donnera en main propre le papier en question, intérieurement, je savais que l'entrevue serait orageuse et lorsque les parents reviennent, c'est ma fête : « Qu'est-ce que t'as raconté ? Nos histoires de famille ne regardent personne, et puis, t'as qu'à t'remuer l'cul pour avoir le pognon pour acheter ton matos, t'es toujours en train de t'plaindre, y a pas d'sous, tu l'sais, faut mettre un cran à la ceinture, feignasse ! » Et moi, j'écoute tout cela et pleure comme une sotte, mais ce qu'elle n'aurait pas dû me dire, le « pleure, tu pisseras moins », me fait exploser ! « Mais bien sûr, quand les autres sont là, TU balances l'argent par les fenêtres, c'est normal, Catherine arrive au salon et bave sur nous, c'est normal aussi, mais que moi, je me manifeste, là, c'est inconcevable ! » Elle s'apprête à me bondir dessus quand le père intervient : « Ça y est ! J'ai ma dose pour aujourd'hui, de toute façon, de Gaulle n'a pas tort et qu'est-ce que c'est encore que ces histoires ? » D'explications en détail, je finis par converser avec lui, j'oserais même dire que ça se passe tranquillement, il me surprend par une question qui pourrait chez certaines personnes faire sortir les tympans de leurs conduits : « T'as quel âge, toi, maintenant ? »

En somme, combien de kilos voulez-vous ? Je me dis qu'il serait tellement dommage de gâcher ce dialogue que je passe outre ma peine et réponds !

— Seize ans.

— Hum, ça fait un an au mois de février que tu bosses ?

— Oui.

— Ouais, t'es encore jeune, et les jeunes, vous n'avez plus rien dans l'cul, alors repos pendant ces huit jours et rien d'autre, vu ?

Même si je ne voyais pas, le ton n'admettait aucune autre remarque. À mon grand soulagement, lorsque je reprends les cours le lundi suivant, c'est les poches pleines. Ayant de quoi acheter mon matériel, j'ai le cœur léger et m'active particulièrement pour être performante. La fin de l'année arrive vite avec son cortège de rendez-vous en surabondance. Je crois que pour bien faire, il nous faudrait travailler la nuit, du fait l'Avent, veille de Noël, nous commençons notre journée à 6 heures pour la finir à 20 heures et la veille, 5 heures pour les premières permanentes et jusqu'à 20 heures. Épuisées, abruties par notre marathon de ces deux derniers jours, renouvelables pour le réveillon du jour de l'an, ils se terminent par un cadeau de notre patron : des éléphants de jade montés en pendentif pour ces dames et une parure de magnifiques serviettes de toilette de chez Gala pour moi. Ma joie l'emporte sur la fatigue et je remercie ma patronne d'un gros bisou que je suis obligée de doubler pour Monsieur sous les taquineries des coiffeuses. Le mardi matin, je m'empresse d'aller déposer sur mon livret mes cent cinquante francs de pourboires, presque plus qu'en un mois de travail, et autant la semaine suivante. De plus, une petite augmentation élevait mon salaire à quatre-vingt-dix francs. Le père décréta que je garderai les dix francs de différence. Aujourd'hui, cela peut paraître des sommes complètement insignifiantes, et même à cette époque, mais quand on a seize ans et surtout qu'on a travaillé dur pour les gagner ! Comme on est fière et heureuse.

1976, année de mon premier flirt, de mon premier amour. Qu'il était beau mon chevalier servant, brun aux grands yeux marron ! Il m'embrassait passionnément lorsqu'il me ramenait à la maison, mais nous étions lâchement espionnés, la mère prenait un malin plaisir à faire passer le père dans la rue qui se trouvait juste au-dessus de celle où nous nous arrêtions. Bien sûr, la famille était mise au courant point par point de l'évolution de nos baisers, et il n'y avait que cela. C'était tendre, pur, nouveau pour moi d'être prise dans les bras autrement que pour se faire taper dessus, mais il fallait salir, détruire. De plus, il avait un énorme défaut, il était espagnol.

La mère : « C'est un con, ce mec, il est bon à rien » ; le père : « Un jour, il va finir par te laver les boyaux de la tête avec sa menteuse » sont les plus tendres paroles, je passerais les autres sous silence, j'ai tenu le coup jusqu'au 4 mai (encore lui !), mais la pression devenait insoutenable, les colères du patriarche succédaient aux séances de chantage de la maternelle, le tout finissant par peser lourd sur mes cours, bref, ce fut au travers de mes larmes que je regardais partir comme un fou au volant de sa SIMCA 1 000 l'élu de mon cœur. Ce jour-là, j'ai fait le serment de ne plus jamais être amoureuse. Ça fait trop mal lorsque tout s'arrête. J'étais brisée, mes nuits étaient entrecoupées de cauchemars. Le matin, je me levais, courbaturée, épuisée, malheureuse au possible. Pour la première fois de ma vie, quelqu'un m'estimait, il avait même été au-delà, il m'aimait, oui, nous nous aimions comme deux jeunes peuvent s'aimer, tendrement, passionnément, chastement, mais pas assez longtemps pour sauter le pas. Il en reste d'autant plus à mes yeux un souvenir merveilleux. Je n'en avais pas encore terminé avec mes résolutions, qu'une cliente du salon, Madeleine Blatère qui, ayant eu vent de ma récente déception, prit les choses en mains et décida de me faire rencontrer son beau-frère, Alain. Loin de moi l'idée de lui en vouloir, mais tout de même ! Un rien envahissante, elle réussit à obtenir le numéro de téléphone de la maison et de s'inviter chez les parents le samedi soir sous prétexte de me reconduire. Contre toutes attentes, le père est enchanté, pensez donc ! Un Français qui a fait son service militaire, catholique, couvreur-zingueur, super métier que voilà ! Bref, le gendre idéal et quand la soirée se termine, je suis à une semaine de me retrouver chez Monsieur le maire. Tellement sûr de lui, le pandore me regarde tout sourire et me dit : « Qu'est-ce que tu en dis, fillette ? »

Et moi de répondre bêtement en souriant, car il faut toujours paraître, garder le sourire en toutes circonstances : « Rien, je ne suis qu'une fillette, je n'en dis rien. »

Je ne peux plus réfléchir, tout s'embrouille dans mon crâne, j'ai dix heures de travail dans les jambes et le dos, je sors d'une rupture imposée et je pars en voyage, d'un seul coup, ce mot m'aide à me ressaisir : « Je n'en pense rien, car, pour l'instant, je pars en Yougoslavie, nous allons visiter plusieurs villes de ce pays, j'ai encore beaucoup d'affaires à préparer, mes papiers à aller chercher au commissariat lundi matin. Non, pour l'instant je ne pense rien. »

Mon Dieu, comme c'était vrai, j'avais la tête aussi vide qu'elle était prête à exploser, les parents me regardent ahuris, et sans se démonter, Madeleine dit : « Tu es encore jeune, nous reparlerons de tout ça en septembre. »

Incroyable aplomb ! Mais je garde mon sang-froid et c'est avec le sourire que je leur serre la main lorsqu'ils partent enfin. Le coq n'en peut plus de fabuler :

— Voilà le mariage que je veux, ça, c'est un mec qui va te faire vivre ! Ça, c'est du solide, du costaud ! Et pour faire des p'tits, c'est idéal !

— Je te crois : 110 kg pour 1,80 mètre, vingt-sept ans, les cheveux déjà gris et les joues tombantes, avec un peu de chance, je vais même pouvoir me cacher derrière, mais du moment qu'il n'est pas espagnol, du haut de mes seize ans, je dois paraître amoureuse et heureuse de me marier avec. Pour ta gouverne, je ne suis pas une jument que l'on mène à l'étalon !

Surpris par cette tirade, le père garde un moment le silence puis se ressaisit :

— Au fait, qu'est-ce que c'est que cette histoire de papiers pour l'étranger ?

— Oui, je vais partir au mois de mars de cette année pour le centre d'apprentissage, on nous a proposé un voyage en Yougoslavie, en fait, c'est un échange qui se fait chaque année pour la modique somme de cinq cents francs. J'avais d'autres préoccupations et n'avais pas été réceptive à l'offre, elle nous a été renouvelée en début de semaine, je me suis inscrite et avais l'intention de vous faire part de ce projet mardi soir. Je pars pour ce pays inconnu, c'est tout.

Parfaitement conscient de la situation, le père ne s'interposa point, au contraire, il m'offrit même ladite somme pour que je puisse partir aisément, je n'avais donc plus que mon argent de poche à gérer. Il était clair pour moi, comme pour eux d'ailleurs, que, par ses réactions à lui et son silence à elle, ils se sentaient coupables et ils l'étaient, je n'ai rien fait pour les déculpabiliser, je souffrais trop. Je préparais mon voyage sans entrain particulier, seulement animée du désir violent de fuir, partir loin, j'avais besoin de récupérer mes esprits, de me remettre les pieds sur terre, de prendre du recul, de faire quelque chose que je n'avais jamais pu faire pour moi. Respirer loin des autres, tenter de VIVRE ! Mais, pour l'instant, il me faut en finir avec ce fichu mois de mai et comme une tuile n'arrive jamais seule, mon patron rompt mon contrat d'apprentissage à cause de la mère. En effet, celle-ci a décrété que je n'irais pas travailler la veille de la fête des Mères, la fille d'Octavia faisant sa profession de foi, nous devions être présents. J'ai beau lui expliquer que je sois là ou pas n'y changera rien, elle s'obstine, je ne suis pas majeure et dois m'incliner, c'est la mort dans l'âme que je vois mon contrat déchiré sous mes yeux, le duplicata envoyé à la chambre des métiers.

Quand je sors du salon, j'étouffe, et prends pleinement conscience des termes « Le ciel me tombe sur la tête », je me noie, je suis perdue, je ne sais plus où je suis, je me trompe d'autobus et finis le trajet à pied. Tout ça pour quelqu'un que je connais à peine ! Une fois de plus, cette satanée famille m'a broyée avec en tête, la mère. J'existais si peu que tout ce que je pouvais ou avais envie de faire n'avait aucune valeur. En fait, je n'avais aucune valeur, et c'est ainsi que s'explique le fait que je sois sans diplômes et cela à tout jamais.

C'est dans cet état d'esprit que le père m'accompagna, ce premier juillet 1976 à la gare de Lyon. Je découvrais des jeunes filles et des jeunes gens tous plus différents les uns que les autres. Beaucoup allaient vivre leur deuxième, voire leur troisième voyage. Ils avaient en moyenne dix-huit ans, sauf Jason qui avait quinze ans, et moi qui n'avais pas dix-sept ans. Vingt heures, le train quitte la gare par une chaleur accablante, chacun se souvient de l'été 1976 où la chaleur avait commencé à s'installer vers la fin avril pour s'éterniser au moins jusque mi-septembre. Nous ferons donc une première nuit, puis une journée, encore une nuit et une journée, et pour finir une dernière nuit qui nous fera arriver au petit matin en gare de Mostar. Deux heures plus tard, vers 8 heures, notre guide yougoslave nous rejoint tout heureux de retrouver le professeur qui nous accompagne ; en effet, les deux hommes se connaissent depuis quelques années grâce à ces fameux échanges. Malgré cet interminable voyage, nous avons à peine le temps de déposer nos valises dans une pension préparée à notre intention, qu'il nous faut repartir aussitôt pour visiter la ville. Tout en se promenant, je me rends compte de son austérité et de sa grisaille, alors qu'elle est déjà inondée de soleil, mais il s'agit là de la ville moderne et, comme toutes ces métropoles, tout y est carrés ou rectangles, empilés les uns sur les autres. Heureusement, il nous reste la partie montagneuse comme toile de fond et tout prend vie et majesté dans la vieille ville. Son vieux pont de pierre, par exemple, qui était, car malheureusement je ne sais pas s'il existe toujours, le monument le plus important de la culture ottomane dans les Balkans, après avoir supporté moult guerres y compris la dernière, mondiale, je ne vous dis pas mon émotion du haut de mes seize ans, à l'aube du XXIe siècle, lorsque je le foule de mes sandales. On n'est jamais aussi petit que dans ces moments-là. Il est midi lorsque notre visite s'achève par notre entrée dans le cimetière mémorial, dit « Le cimetière des partisans ». Un sentiment de fierté intense se dégage de ce lieu, il nous faut monter le long des murs blancs en pierre ; à des étages successifs s'étalent sur un tapis de verte pelouse, devant nos yeux ébahis, des pierres plates et blanches, un peu comme les pièces d'un puzzle, dessus est gravé un nom, quelques Canadiens, beaucoup de Yougoslaves et, à leurs côtés, presque autant de Français. Notre guide nous explique l'étroite collaboration qui existait entre nos deux pays durant la Seconde Guerre mondiale et que de nos braves partisans est née une solide amitié. Je garde un souvenir émouvant de cette découverte, de tous ces noms bien de chez nous, sur cette terre étrangère, et un émerveillement pour ce monument à ciel ouvert qu'est ce cimetière à lui seul.

Lorsque nous retournons à la pension, un bon repas nous y attendait, mais la fatigue reprenait ses droits, mon bras gauche était tout enflé, sûrement dû en partie à la chaleur, je ne pouvais plus porter ma montre, et ma chevalière m'avait entaillé l'annulaire ; pour m'aider, notre guide aspergea mon doigt d'huile et je pus me libérer de celle-ci. Une fois soignée avec application, c'est avec un vif plaisir que nous découvrons des lits fraîchement faits pour y savourer une sieste bienvenue. Depuis le début, deux garçons se distinguent des autres par leurs fanfaronnades, le verbe toujours haut, un vocabulaire grossier et une désinvolture à toute épreuve. Christian, un grand Noir et Louis, un petit Blanc, si petit d'ailleurs qu'il fut réformé durant ses trois jours, il n'avait grandes que les oreilles (fort décollées, du reste) et la portée de sa voix. Ces deux types étaient les représentants par excellence du sexe. C'était le seul objectif, leur seul point de vue et le seul véritable objet de leur voyage, se faire des petites Yougoslaves, mais en attendant mieux, profitons de ce que nous avons sous la main, des Françaises, avaient dû se dire nos deux larrons, et quelle ne fut pas leur déconfiture en découvrant que celles-ci avaient nullement envie de se laisser faire. On dit souvent « Qui se ressemble s'assemble », mais aussi que « les extrêmes s'attirent ». En ce qui me concerne, je n'étais pas venue jusque dans les Balkans pour me faire sauter la pastille, comme savait si poétiquement le dire ce gus de Louis mais, pour lui, il en allait tout autrement, sa décision était prise : « Tu seras ma prochaine proie ! » adorait-il scander.

Heureusement, le séjour ne faisait que commencer et faute de tous bien se connaître, nous, les filles, avions pris le parti d'être solidaires, à savoir que nous étions que quatre pour quinze garçons, il était plus sage de se faire oublier. Je suis donc restée à l'abri des assauts de ce jeune étourneau jusqu'à notre arrivée à Split, petit village du bord de l'Adriatique. Il va de soi qu'en 1976 c'était la Yougoslavie dans toute sa splendeur, mais maintenant que tout a changé, je vais vous guider à mon tour pour que vous puissiez suivre, en fait, me suivre dans mon périple. Après Mostar qui se situe en Bosnie-Herzégovine, nous avons rejoint dans la même région, Sarajevo, où nous nous sommes installés durant trois jours dans un hôtel cinq étoiles. Je dois reconnaître que ce lieu possédait aussi une certaine magie, ensuite nous avons rejoint la Croatie pour visiter Zagreb, de là, nous sommes descendus en Serbie pour visiter la capitale yougoslave de l'époque, Belgrade, pour retourner à notre point de départ, la Bosnie-Herzégovine où se situe Split. C'est là que nous sommes restés deux semaines au bord de la mer, lieu que nous ne quitterons qu'une journée pour Dubrovnik, ville à laquelle je pense souvent, surtout lorsque j'entendais à la radio les bombardements intensifs qu'elle subissait.

Je revoyais ses rues pavées qui brillaient naturellement, car régulièrement polies par l'air marin ; en effet, cette mer est si salée que les habitants ont coutume de l'appeler la mer Morte, car aucun poisson n'y vit. Splendide ville en vérité et comme toutes ces géantes de par le monde, qui, rien qu'avec leurs âmes si puissantes, parviennent à en imposer aux hommes qui en sont réduits, une fois leur folie meurtrière passée, à se serrer les coudes pour les reconstruire. Encore un exemple type de la bêtise humaine. Après s'être gavés de tant de merveilles, Split pourrait nous sembler bien fade, mais, pour moi, il n'en fut rien, c'est un charmant village de bord de mer comme il y en a sûrement chez nous. Je ne connais absolument pas le sud de la France, mais je pense que Split pourrait s'apparenter à l'un de nos villages, peut-être même à Saint-Tropez dans le Var, des ruelles escarpées en surplomb de la mer, endroit avec beaucoup de rochers sur lesquels nous pouvons nous installer et admirer le paysage, en gardant toujours le super sixième sens en alerte, car les rapaces rôdent. Bien qu'ayant commencé à apaiser leurs appétits sexuels, Louis et Christian ne lâchent pas prise, je les soupçonne même d'avoir lancé le pari avec d'autres garçons sur le premier qui parviendrait à ses fins. En effet, cela fait maintenant presque quinze jours que nous vivons ensemble et les mecs font les quatre cents coups. Sylvie a vingt ans et entretient une amourette avec Serge, vingt et un ans, et ils sont les plus âgés. Il ne reste donc plus que Sophie, Marie et moi. À force de rentre-dedans au sens figuré, entendez-moi bien, Marie finit par succomber au charme de Christian, là aussi l'histoire se répète, il est aussi noir qu'elle est blonde à la peau blanche. Enfin, que voulez-vous ? Les idylles de vacances ! Ce jour-là, je me retrouvais seule sur mon rocher, j'aimais et j'avais besoin de ces moments de solitude, ils m'aidaient à me ressourcer, je reconstruisais méticuleusement mon esprit qui, me semblait-il, venait d'être sérieusement ébranlé par ce premier amour, José. Comment le pandore pouvait-il être aussi raciste ? Lui qui était affublé d'une famille cosmopolite, chinoise, italienne, espagnole, allemande, qui avait jalonné sa vie, et, pour la plupart, qui en faisait encore partie. Son propre père était catalan espagnol au sang andalou ! Pourquoi tant de haine ? J'en étais là de mes réflexions lorsqu'une tête brune, suivie de près par une châtaine, vint à ma rencontre, ce n'était que le prof et son épouse, tous deux fort inquiets de ma disparition. En fait, je n'avais pas vu l'heure tourner, il était presque 17 heures et il fallait penser à rentrer pour le souper.

Durant notre retour, j'expliquais au couple que j'avais la désagréable sensation de ne pas avoir complètement récupéré la fatigue du voyage, j'avais toujours envie de dormir et cela ne me ressemblait pas. Annie me dit qu'avec les huit jours restants, je pourrais finir de me reposer. À mi-chemin, nous retrouvons Louis abandonné par son fidèle compère pour cause de sauterie, c'est l'occasion rêvée pour lui de relancer sa propre machine et, moi, en désespoir de cause, ne trouvant plus d'excuse en béton à fournir et avec mon innocence totale et mon dressage d'enfer, je finis par lui sortir l'argument le plus stupide qui soit : « Mais ne voyez-vous donc pas que vous êtes trop petit ! »

Bien mal m'en a pris. D'abord, le prof s'est mis à rire, sa femme a accentué les quolibets à l'encontre de cet énergumène qui, vexé au plus haut point, a rétorqué : « Du moment qu'il y a un trou et du poil autour, c'est le principal ! Et au plumard, la différence de taille ne se voit pas. »

Que c'est délicat ! Quelle galanterie ! Je vous assure qu'on ne peut jamais oublier ce genre de réplique cinglante, mais je suis sans aucun doute seule et unique responsable de cette mésaventure, tant pis pour moi, j'aurais mieux fait de garder un silence prudent. Malgré cela, lorsque tout récemment, j'ai raconté cet épisode au benjamin de ma petite famille, curieusement, celui-ci était très choqué d'une telle attitude. J'ai été surprise par sa réaction, car mes enfants sont très libres de s'exprimer et ne s'en privent pas, mais là, cela lui semblait un peu brut et quasiment déplacé.

Au repas, nous retrouvons notre Marie sur son petit nuage, tant mieux pour elle, mais une question me taraude et je finis par la lui poser.

— Sais-tu combien le pari va lui rapporter ?

— Rien du tout, et c'est Louis le parieur, et pour l'instant il en a pour ses frais.

— Ah oui ! Je suppose que je suis l'enjeu

— T'as tout compris.

— Décidément, voilà un être charmant, c'est gentil de me prévenir.

— Oh ! Je n'ai aucun mérite, les mecs parlent sur l'oreiller.

— Bon sang ! j'ai toujours cru que cela relevait de la fable, que c'était tout simplement une blague. Franchement, quelle demeurée je suis !

— Je ne dirais pas ça, mais ignorante, c'est sûr.

— Il est clair que toute mon éducation reste à faire, quelle catastrophe !

C'est dans un grand éclat de rire que s'achève cette conversation on ne peut plus instructive, sans grand intérêt pour moi, je n'en suis pas là, mais on ne sait jamais ! Plus que jamais ma réserve sera de mise ainsi que la prudence, pas suffisamment cependant. Deux jours plus tard, habillée de mon maillot de bain deux-pièces et de ma robe de plage, m'apprêtant à sortir de la chambre, la porte s'ouvre avec violence et je la prends en pleine tête et le mur m'en rend autant, Mickey était de la fête. Au tout début, je n'ai pas pensé que c'était dans ce but, mais l'occasion faisant, et étant pour moitié assommée, le larron me jeta sur le lit et me régla mon compte. Cette douleur dans le bas-ventre m'aida tant bien que mal, plutôt mal d'ailleurs, à me remettre les idées en place. Je le repousse et roule au bas du lit. Seigneur, j'ai mal partout ! Mon premier réflexe est de me recouvrir de ma robe et de remettre bêtement en place les deux malheureux boutons qui lui restent. J'oublie ma honte pour faire face à l'individu, je le regarde droit dans les yeux, je le toise plus que jamais de toute ma hauteur, qu'il puisse enfin avoir des raisons de la maudire, cette fichue taille. J'attends, il est là devant moi, ce crétin ne jubile même pas, pour une fois, il fait fonctionner sa cervelle de piaf. Il est majeur, moi pas, son pari stupide l'a transporté bien plus loin que son imagination ne l'aurait souhaité, de cela je suis sûre, mais l'acte n'en est pas moins irréparable. Pour achever mon mal-être, Christian ouvre la porte à son tour, il s'arrête stupéfait, puis un grand sourire éclaire son visage: « Ça y est, tu l'as eue, t'as... »

Je ne lui donne pas l'opportunité de finir sa phrase et à mes oreilles résonne encore la gifle que je viens de lui administrer. De plus, j'affirme, j'accuse, en prenant soin de refermer la porte pour que cela reste entre nous :

— Non, il n'y a rien eu du tout, il a perdu son pari. Quand on arrache aux gens ce qu'ils ne veulent pas vous donner, il n'y a rien de glorieux. Ton copain n'a rien dans le ventre et moi non plus j'espère, si oui, pour mon plus grand malheur, je fais le serment de l'envoyer moisir en prison, tu verras pour ce lieu, ta taille ne sera pas un problème. Maintenant je veux la paix. Combien as-tu gagné ?

— Ne le prends pas mal, c'était pour rire, comme ça !

— Oui, tu as raison, on parie sur une future agression, comme ça, pour rigoler. Combien ?

— Juste deux cents francs.

— La somme est minable à l'exemple de ces instigateurs. Maintenant, fichez le camp de cette chambre, ce n'est pas un moulin à vent, vous n'avez rien à y faire, ce n'est pas la vôtre. Par la même occasion, toi la vedette, pourquoi y entrais-tu ? Pour te dire que les filles t'attendaient pour partir ! Je suppose donc qu'elles sont arrivées à destination sans moi grâce à toi, allez, dégagez !

Une fois seule dans la pièce, je me laisse tomber sur le lit, en pleurs, je laisse le raz-de-marée m'engloutir, s'évanouir, mais en attendant j'ai froid, j'ai mal partout. Le plus important dans l'immédiat, c'est de garder la tête froide, ne pas s'affoler, garder son calme coûte que coûte. C'est en l'écrivant aujourd'hui que je me rends compte que l'efficacité de l'éducation disciplinaire que j'ai reçue m'a sans aucun doute, sauvé la mise, m'a permis de garder un semblant de dignité et tout simplement de ne pas me jeter par la fenêtre, ce que j'aurais peut-être dû faire d'ailleurs. La maison où nous logions surplombait les rochers, je ne me serais pas ratée. Seulement voilà ! Il faut du courage pour cela, et je n'en ai pas eu, et si je l'avais fait, que serait-il advenu de ce pitre, de cet âne bâté ? Une fois la souffrance dépassée, des milliards de questions vous emprisonnent le cerveau, mais souvent vous êtes seule et elles restent sans réponses. En recevrais-je, aujourd'hui ? Lorsque le soir arrive, j'ai dans le milieu du front une superbe bosse verticale bleue et je suis lessivée, le prof me demande ce que j'ai fait et je lui réponds la vérité : « Je me suis cognée dans la porte. » Rien de plus, rien de moins, je suis trop fatiguée.

Je n'ai pas envie de discuter des heures, et monte me coucher rapidement. Je me souviens de cette nuit agitée où les fantômes du passé me poursuivaient. J'ai peur, je me réveille en sursaut, puis replonge dans un sommeil encore et toujours hanté de cauchemars. Lorsque j'arrive enfin au sommeil réparateur, c'est le bruit de mes camarades de chambrée qui me réveille. Je ne me sens pas bien du tout, j'ai de la fièvre et ça me brûle quand j'urine, il va de soi que, vu les circonstances, mille questions se bousculent dans ma tête, mais je ne dis rien et descends déjeuner avec tout le monde. À peine ai-je terminé, je retourne m'allonger, j'en suis à ne plus uriner que quelques gouttes de sang. Je ne dis rien et personne jusque-là ne m'a posé de questions, je suis parvenue à donner le change. Ensuite, tout va très vite, je sais, pour l'entendre dire, qu'il est 13 heures et que le prof s'étonne de ne pas me voir descendre. C'est Sylvie qui est penchée au-dessus de moi, mais il me faut un certain temps de réflexion pour réaliser. Elle me fait également remarquer que je suis fiévreuse, et moi de penser que ce n'est pas grave, mais n'ayant plus la force de parler, je lui fais seulement part de mon envie de dormir, puis plus rien. Je suis de nouveau réveillée, mais plus ça va et moins je capte. Finalement, dans mon brouillard, je parviens à sourire à mon prof que je viens de reconnaître, j'entends parler avec insistance de température, je soulève la tête et me retrouve le nez sur un thermomètre que je rends quelques instants plus tard. Il semblerait que ce soit la panique, on me secoue, c'est encore le prof qui me rassure, il me dit de ne pas avoir peur que ce n'est que lui. J'ouvre péniblement les yeux pour les refermer aussitôt, il insiste :

— Domino, reste avec moi, n'aie pas peur, tu as 41,2 °C de fièvre, je vais t'aider, reste avec moi.

— Oui, Monsieur, je n'ai pas peur, je suis sage c'est tout.

Et plus rien, un trou noir, le vide, il me semble que longtemps après je sois secouée encore, plus les heures passent et plus c'est dur de me réveiller et surtout de capter, je me souviens parfaitement de cette sensation et comme des flashs, des images de gens m'apparaissent, cette fois notre guide est là, puis une autre fois un homme inconnu l'accompagne, il prend connaissance de ma température élevée, mais n'y croit pas trop puisqu'il me la fait reprendre, et là, catastrophe, je plafonne à 41,6 °C. D'office, cet homme prend la décision de me droguer, en fait, nous sommes le 15 juillet et nous partons le 20, il est trop tard et surtout trop compliqué pour me faire hospitaliser. Cependant, il faut agir vite et fort. Par les dires de mes camarades et des adultes qui m'entouraient, jusqu'au 17 en fin d'après-midi, j'ai passé mon temps avec les rats, les serpents, dans une lessiveuse avec laquelle je me battais pour ne pas qu'elle se referme sur moi. Des personnes me tapaient et je leur demandais pardon, je criais à Louis que je ne dirais rien ! Bref, je leur ai fait une peur de tous les diables. Pour moi, la vie reprend son cours dans la nuit du 17 au 18 juillet, la fièvre est tombée à 38 °C, je suis comme morte et je crois bien que notre professeur aussi, je revois ses yeux cernés de noir, nous échangeons quelques mots du genre :

— Comme je suis heureux de te voir revenir parmi nous, Domino. Comment te sens-tu ?

— J'ai envie de faire pipi, lui ai-je répondu.

Au retour, il me demande si tout va bien. Oui, cela ne me brûle plus et je lui dis d'aller dormir. Le 18 au matin, je suis réveillée par les filles qui maladroitement ont donné un coup dans mon lit. Elles semblent toutes bien heureuses de me voir récupérer mes esprits et les questions pleuvent en avalanche, suite aux récits de mes cauchemars. Mais ma réponse reste invariable, je ne sais rien et ne me souviens de rien. Après m'être douchée, mes jambes me lâchent et Sophie me donne un coup de main pour rejoindre le lit, je reçois la visite de notre guide et de son ami, j'apprends que c'est lui qui s'est occupé de moi, il est médecin et a fait ses études à Paris et parle suffisamment bien notre langue pour se faire comprendre : « Vous savez que c'est grave ce que vous avez ? Je ne peux pas totalement me prononcer, mais je suis sûr de moi en disant qu'il s'agit des reins. Promettez-moi de vous faire examiner dès votre retour au pays, promettez-le-moi ! »

Je prends la croix qui est autour de mon cou et le lui promets. Le comble, c'est qu'il me remercie de cette promesse et m'assure de sa confiance. Les larmes me brouillent un temps la vue.

Je me souviens aussi d'avoir pensé avec regrets : Quel dommage de ne pas recevoir la même confiance de la part des miens ! Oui, que c'est triste ! Comment un étranger sur une simple promesse faite peut-il d'instinct m'accorder sa confiance, alors que mes propres parents en sont incapables ? Toute la journée se passera bien et sans histoires, c'est à peine si j'entrevois les deux compères qui profitent de leurs derniers jours pour culbuter tout ce qui leur tombe sous la main ; et comme ça fonctionne, pourquoi se priver ? Le soir venu, je me sens bien fatiguée. De plus, j'ai perdu du poids, de 56 kg je suis tombée à 52 kg, il faut dire qu'à l'époque, deux jours sans manger étaient assez pour que je n'aie plus qu'une face.

Au moment de pénétrer dans notre chambre, Sophie, Marie et moi, nous nous apercevons que celle-ci est transformée en « baisodrome », nos lits sont rapprochés et dessus s'entassent pêle-mêle des bras et des jambes, un enchevêtrement de corps. Les copines trouvent refuge chez les deux aînées et moi, avec ma seule couverture et mon oreiller, je me couche dans le couloir près de la chambre des garçons qui se trouvait être la plus éloignée de l'entrée. Pas une minute je n'ai pensé au pékin qui pourrait se lever la nuit pour aller aux toilettes, grossière erreur de ma part ! J'ignore l'heure exacte, mais une masse m'est lourdement tombée dessus en poussant des jurons dignes du pandore. Pauvre Jason, encore tout ensommeillé et se frottant les yeux pour s'assurer qu'il voyait bien : « Domino ? Mais qu'est-ce que tu fais là ? Malade comme tu l'es, c'est dans ton lit qu'il faut te coucher. »

Et moi, plus ahurie que lui, je réponds bêtement : « Je voudrais bien, mais il y a plein de monde dedans. »

Jason fait vite le point, je l'entends dire quelques grossièretés à l'encontre de ces malappris et dans les secondes qui suivent je me retrouve dans la chambre de sept garçons et couchée à côté du huitième. Je peux vous assurer que je n'en menais pas large. Quand je pense que j'avais quitté la France avec la ferme détermination d'oublier, de mettre un pont entre certaines souffrances, et c'était pire encore dans ce pays-là ! Bon sang, qu'est-ce que j'ai fait au bon Dieu ? Est-il si bon que cela, après tout ? Fernand me rassure et me dit de dormir tranquille, que je n'ai rien à craindre, je suis en sécurité avec eux tous. Je me rappelle l'avoir remercié et avoir retrouvé un sommeil pour une fois réparateur, enfin ! Le 19 au matin, nous sommes invités à rassembler tous nos bagages en bas et pendant ce temps nos hôtesses sont déjà dans les chambres à défaire les lits. Je remonte accompagnée de notre guide pour les remercier de leur gentillesse et de leur dévouement à mon égard et leur présente des excuses pour le dérangement que je leur ai causé durant la maladie. Une fois la traduction finie, elles froncent les sourcils et une question me revient par l'entremise du guide : « Où ai-je passé ma dernière nuit ? »

Calmement, j'explique la situation en spécifiant qu'il n'est peut-être pas utile de tout traduire, le guide me regarde sévèrement et me répond :

— Vous ne pouvez pas prendre ces femmes pour des imbéciles.

— Mais non, ce n'est pas cela, elles risquent juste d'être choquées, vous ne croyez pas ?

— Voyant la chambre dans cet état et celle de vos camarades et de vous-même et sachant combien vous avez été malade, croyez-vous qu'il soit plus correct de vous laisser accuser alors que vous n'y êtes pour rien. Non, mon petit, vous valez mieux que ça !

— Si vous le dites, Monsieur. »

L'affaire était close pour lui et sa décision prise, il leur raconta d'une traite la nuit. Pour finir, les visages se sont ouverts pour laisser passer de grands sourires, une poignée de main pour les plus jeunes et la plus âgée qui, sans aucun doute, aurait pu être ma mère, me cloqua une grosse bise sur chaque joue accompagnée d'un mot qui, une fois traduit, disait : « Bonne fille ». Il y avait beaucoup de chaleur dans le regard de ces femmes. Après ces évènements qui s'étaient déroulés chez elles, une question me hante : Sont-elles encore de ce monde ? N'ayant jamais connu leurs noms de famille, cette question restera pour moi sans réponse, mais où qu'elles soient sur la Terre, de par le monde ou dans les cieux, je reste convaincue que le destin est assez puissant pour qu'elles sachent que je pense toujours à elles. Tout ça à cause de deux idiots qui, pour ne pas avoir réussi à se mettre d'accord, ont mis leur beau pays à feu et à sang, STUPIDITÉ HUMAINE.

Notre retour jusqu'à la gare de Mostar est à l'orage, les compères se font remonter les bretelles tant par le guide que par le professeur, autour, personne ne bronche. Une fois en gare et les bagages enregistrés, nous saluons ce cher homme tellement disponible pour nous tout au long de nos vacances. Il nous regarde partir des larmes plein les yeux, mais avant de le quitter complètement, nous, les filles, nous l'embrassons. Je dois avouer que, moi la première, je lui devais bien cela après tant de tracas ; et j'emporte avec moi, comme un cadeau, son dernier conseil : « Surtout, prenez soin de vous et rappelez-vous la promesse ! »

À lui aussi, je promets de le tenir au courant. Il me remercie, un dernier salut de la main et sa silhouette disparaît dans le va-et-vient de la gare. Suite à un problème de transit au passage de la frontière entre la Yougoslavie et l'Italie, c'est en fin d'après-midi du 23 juillet que j'arrive enfin à la gare de Corbeil. Bien sûr, personne n'est là pour me recevoir et c'est en taxi que je rentre à la maison. À cet instant précis, je n'ai aucun regret, je suis juste soulagée. J'avais quitté la demeure propre et organisée puisque je partais me reposer, je pouvais bien faire cela, estimait la mère, je retrouve celle-ci en branle-bas de combat, des gravats partout dans la cour, des ouvriers qui grouillent dans tous les sens, surprise ! C'est tout simplement le pote du père, électricien de métier, avec son personnel, tous partis à l'assaut de nos vieux murs. Il est vrai qu'avec la machine à laver le linge et le fer à repasser, le disjoncteur sautait en permanence, nous manquions toujours d'eau chaude l'hiver venu, bref, ce n'était pas un luxe, mais une nécessité. Un escalier en bois intérieur avait également été installé et j'entendais venir de l'étage supérieur le père poussant un juron dès que ce maladroit de marteau lui tapait sur les doigts. Une fois revenue de ma surprise, je cherche dans tout ce fourbi un visage connu et ce fut celui d'Ève qui m'apparaît en premier, sa voix résonne encore à mes oreilles :

— Domino ! Enfin te voilà ! Comme je suis contente, nous allons être deux à supporter Tata !

— Pourquoi ? Que se passe-t-il ?

— Parce que, un soir, Tonton est rentré en disant que le lendemain matin les travaux commençaient, et comme ce n'était pas prévu, Tata a grimpé aux araignées !

— À ce point-là, ce n'est plus ta tante, mais la madone des lamentations.

— Ha ! Tu aurais pu le mettre sur tes cartes.

— Il aurait fallu que je sache.

— C'est vrai, excuse-moi, mais elle est tellement pénible !

— Tu prêches une convaincue.

La mère paraît, affolée et encombrante au possible, mais il est clair que jusqu'ici personne n'a osé l'affronter. Je laisse donc mes nouvelles peines, mes nouvelles souffrances et mes nouveaux soucis que, dans tous les cas ou dans l'immédiat, personne n'est prêt ni à écouter ni encore à comprendre, et je me lance à l'assaut de la forteresse :

— Bonjour ! Tu as la forme, ma petite mère ?

— Ha ! Te voilà, toi, et pour te foutre de ma gueule ! Je n'ai pas le temps de te parler, il y a trop de travail ici !

— Ces messieurs ont leur travail qui doit être fait en temps et en heure, mais toi ?

— Toi, t'arrives de vacances, tu comprends rien, la Yougo, mais ici on bosse !

— Je ne dis pas le contraire, mais tu es plus dans les jambes des gens qu'autre chose et tu les retardes. Tu les laisses finir, ensuite nous nous mettrons toutes les trois à l'ouvrage et ça ira très vite. D'accord ?

— Quelle merde ! t'as p'téte ben raison.

Ayant réussi à calmer la furie pour un temps, je monte voir Pandore qui termine de coller le papier et à peine ai-je fini de le saluer que les ordres tombent : « T'arrives bien, toi ! Demain tu peux bosser là-dedans, je finis ce soir, donc, installation, tu te démerdes, il faut que ce soit girond, compris ? Et puis je ne sais pas ce que t'as été foutre là-bas, mais t'as une gueule défoncée, ça crève les sauteries ! Hein, ma salope ! » Je redescends et affronte sans broncher les regards moqueurs des imbéciles qui se trouvent là, Ève choquée s'insurge :

— Jamais Papa ne me parlerait comme ça devant tout le monde, c'est scandaleux !

— Oh ! Il dit ça comme ça, lui répond la mère.

C'est curieux, mais à moi on me dit toujours les pires horreurs. Et je dois faire avec. Cela va sans dire, que ça me plaise ou non, mon avis est sans importance. Un ouvrier plus intéressé ou plus intéressant que les autres se renseigne sur mon périple, mais il tombe mal celui-là, j'ai pris le mors aux dents et je lui réponds comme il se doit, comme la digne fille de son père : « Je n'ai pas fait grand-chose, si ce n'est comparer les bites des uns et des autres pour constater tristement que Yougos ou Franchouillards, les mecs sont tous montés pareils, donc sans intérêt. »

Ce pauvre type écarquille des yeux devant mon regard déterminé. Deux d'entre eux ouvrent la bouche pour rétorquer quand leur patron leur fait remarquer qu'ils ne l'ont pas volé et gentiment s'adresse à moi :

— Mademoiselle, ne faites pas attention à ce que dit votre père, je le connais bien, c'est un brave bougre, mais c'est un gueulard.

— De ses propres dires, je rentre la gueule défoncée, il pourrait s'inquiéter de savoir si ce n'est pas ma santé, mais non, il préfère salir mon derrière, et publiquement encore, alors non, il est seulement brave avec les autres, pour le reste, je suis d'accord.

— Ceci dit, vous êtes la digne fille de votre père, sacré caractère !

C'est sûr, je ne baisse pas facilement pavillon et pour cause ! Finalement, les travaux se terminent rapidement. J'ai soigneusement nettoyé tout le haut où j'ai enfin une chambre, mais je vous rassure, il s'agit vraiment d'un coin, car dès qu'Ève et Loup sont partis, la mère a pris possession de la moitié des lieux pour faire son linge ce qui fait que, lorsqu'elle est sur place, je ne peux pas monter, enfin ! Comme je le disais plus tôt, jamais aucune fois, je n'aurais un coin d'intimité dans cette maison et pourtant, j'en passerais des jours et des heures à faire le ménage et des travaux !

Début septembre est là bien plus vite que je ne le souhaitais, mais je commence à tenir les promesses faites. Seule, sans rien dire à personne, je me rends chez le médecin, je me trouve face à son remplaçant, un homme adorable, il s'appelle D., et si ma mémoire ne me fait pas défaut, c'est ce même bras qu'il a de plus petit que le gauche, comme si celui-ci avait refusé de pousser au même rythme que l'autre. Est-ce cette infirmité qui l'a poussé à faire médecine ? Toujours est-il que ce charmant praticien écouta attentivement mon récit, sans l'agression cela va sans dire, puis il m'examina. Lui aussi insista sur le fait de ne pas trainer. Au retour, je passe donc par la polyclinique prendre un rendez-vous pour une urographie et, prenant mon courage à deux mains, le soir je me lance dans des explications posées et concrètes auprès des parents, je n'avais plus le choix. Cette radio, à l'époque, demandait une préparation sur deux jours que je n'aurais pas pu mettre en œuvre sans les alerter, je balance tout et insiste bien sur le fait de ma gueule défoncée. C'est la première fois que j'ai vu le père baisser les yeux. Deux jours plus tard, il est 12 heures 30 lorsque je rentre à la maison. Durant le repas, je préviens les parents que je retourne voir le docteur l'après-midi même. Le père est sérieusement interpellé, je lis l'inquiétude sur son visage et je ne peux pas le rassurer, alors je lui dis ce que je sais : « Ne t'en fais pas, tu ne peux rien faire pour moi, je pense même qu'il nous faudra aller sur Paris, j'ai trois reins et un quatrième qui pourrit ou qui se trouve dans le pus, le radiologue ne peut pas se prononcer plus avant mais, de façon catégorique, il sait qu'au début il y en avait quatre car, il y a quatre uretères branchés sur la vessie. Voilà, tu connais le principal, pour le reste, à la grâce de Dieu. »

C'est la première fois que je suis écoutée aussi religieusement. Dire que cela arrive toujours dans ces moments-là ! Je vois le visage bouleversé du père. Quant à la mère, si souvent prompte à la ramener, elle garde un silence presque effrayant, je vois tout cela, mais je ne peux rien faire pour les soulager, je ne connais pas le verdict médical. Le docteur D. nous reçoit toutes les deux avec beaucoup de gentillesse tout comme la première fois. Après avoir pris connaissance des clichés, il nous avoue que ce n'est plus de son ressort et nous dirige chez son maître, le professeur L. à la Pitié Salpetrière à Paris. Ensuite, tout s'emballe, le rendez-vous est prévu fin septembre, de nouveau je découvre un homme merveilleux de gentillesse, de douceur, de compréhension. Une voix câline, comme cela fait du bien quand on traverse une période comme celle-ci : agression, sans travail et plus de santé, et qu'il faut faire bonne figure devant des parents qui se tassent au fur et à mesure que les rendez-vous se suivent, curieusement, surtout le père, c'était horrible ! « Je me suis spécialisé dans le traitement des reins, or là, je suis presque certain qu'une intervention chirurgicale s'impose. Je suis désolé. Je me concerte avec mes collègues et nous vous ferons part de notre décision par courrier. Vraiment navré. »

Navré de quoi ? Il n'est en rien responsable de cette situation, il parle comme si j'étais atteinte d'une maladie incurable. En fait, je pense qu'il savait à quoi s'en tenir. Il m'a d'ailleurs prévenue des souffrances terribles qui m'attendent le cas échéant. Je me souviens avec beaucoup d'émotion de ce professeur d'une compétence indiscutable mais qui, à cause de sa sensibilité, avait choisi de préférence soigner les reins plutôt que de les opérer. Bien sûr, il ne s'agit là que d'une supposition, mais la douceur de cet homme était tellement palpable ! Dix jours plus tard, un courrier nous parvient nous donnant la date de mon admission dans le service du professeur K. pour être opérée par son bras droit le professeur J. au 7 novembre. Il faut savoir que dans ce domaine, le corps médical doit beaucoup au professeur K. qui fut un pionnier des transplantations rénales, mine de rien. Alors que nous dormons tranquillement du sommeil du juste, ces hommes, qui restent souvent dans l'ombre, œuvrent pour nous sauver la vie. Ces opérations durent des heures, voire une journée entière, et eux se battent pour nous, et bien que sérieusement secondés, la fatigue de ces individus n'en reste pas moins pénible. Toujours prête pour les grandes parades, la mère décrète qu'il me faut passer la famille en revue pour les saluer, il va de soi que quitte à casser sa pipe autant partir sur une bonne impression, le ridicule ne tue pas, quel dommage ! Cette famille qui, je l'ai compris depuis longtemps, s'en moque éperdument. Mais cela permet à la mère de se mettre en valeur, d'occuper le devant de la scène. Je regarde tout ce cirque avec désinvolture tant que je ne suis pas prise à partie ! Or, lorsque la madone m'oblige à monter jusque chez Reine avec la mégère, là, c'est une autre histoire. Cette dernière se met à me hurler après me traitant de putain qui traîne en forêt avec les hommes, que je suis une prétentieuse qui ne dit même plus bonjour à Coline lorsque je la vois dans la rue et un méli-mélo de reproches auxquels je n'entends rien, et, pour finir, me prend par le bras et me fiche dehors de chez elle. Je redescends à la maison complètement sonnée, je n'ai pas besoin de ce genre de démonstrations agressives en ce moment, je veux juste la paix pour affronter les prochains événements. Une fois douchée et au calme dans mon coin chambre, je fais le bilan de mes dix-sept années passées sur cette Terre et j'en arrive à une conclusion bienheureuse : la quitter serait une véritable délivrance, oui ! Sans aucun remords, vive la mort ! Je suis maintenant intimement convaincue qu'elle m'attend là-bas, dans ce bloc opératoire et qu'enfin, je connaîtrais le bonheur.

Quand les parents reviennent, je suis on ne peut plus détendue et sereine, je plaisante avec eux, le repas est prêt, il ne nous reste plus qu'à le savourer ensemble, pour se convaincre qu'il est encore maître du destin et qu'il a la situation bien en main, Pandore gronde :

— Ne fais pas le mariole, si t'as la trouille, tu le dis, c'est tout !

— Je n'ai absolument pas peur, je suis même très bien dans ma peau et des sérénades, comme je viens encore d'en vivre cet après-midi, me confortent dans mon idée et ma détermination, il n'y a rien à regretter, je suis très bien, je t'assure, Pandore, tout va bien, garde le sourire, s'il te plaît !

— Bordel ! Je ne comprends plus rien et je ne supporte pas de t'entendre jacter comme ça !

— Pas d'affolement, la situation t'échappe, c'est tout, ce n'est rien, Pandore, mon cher Pandore, demain, je serai hospitalisée et le plus lourd sera fait, tout va bien, relax !

La mère écoutait silencieusement pour la seconde fois de son existence, puis, comme si elle sortait du brouillard, elle m'instruisit sur un sujet qui m'indiffère, Reine :

— Tu sais, après s'être bien engueulées, elle a reconnu ses conneries, en vérité quand Coline est rentrée, elle nous a dit que c'était Ève qui n'avait pas dit bonjour et, en plus, elles ne se sont même pas vues. En ce qui concerne la forêt, c'était pour José qu'elle disait ça, quand vous êtes allés en balade avec son pote et sa femme, mais je lui ai dit que tu l'excusais.

— Absolument pas ! C'est trop facile ! On insulte les gens, on s'occupe de ce qui ne nous regarde pas au risque de faire des histoires, on les fiche dehors comme des malpropres et après cela, il faut encore que ce soit moi qui excuse, car il ne saurait être question, qu'elle, un pain complet, le fasse, elle ne s'y sent même pas obligée, mais ce sont les rôles renversés ! Où va-t-on ? Il y a matière à réflexion ?

— Y a matière à réflexion ? Qu'est c'que c'est cette connerie encore ?

— Écoute, ce n'est pas parce que tu ne fais aucun effort pour parler convenablement que les autres sont des imbéciles, et pendant que nous y sommes, si par malchance je m'en sors, je ne veux pas la voir à mon chevet, c'est clair ? Sinon, je la fais mettre dehors par les infirmières, ai-je été suffisamment claire ?

— Bon, comme tu veux.

— Merci.

Ça, c'est bien cette pourriture de famille, je te matraque à tout-va et c'est le matraqué qui, pour un peu, doit s'excuser, et tout ceci avec la plus parfaite mauvaise foi, et malgré le haussement de ton, je garde ma sérénité. Est-ce la certitude de ma fin prochaine ? Je ne saurais le dire puisqu'aujourd'hui encore, je me demande pourquoi je vis. Je n'ai pas de vie, j'entends partout autour de moi les gens parler voyages, vacances, restaurants, théâtres, cinémas, excursions, tendresses, amours, visites dans les parcs d'animations, d'amitiés. De tout ceci, je ne connais que trois visites de parcs, l'amour de mes fils heureusement, quelques amitiés solides comme des rocs et tant mieux, et mon voyage yougoslave bien sûr. Pour le reste, rien, le désert quasi parfait. Pour quarante-quatre ans passés sur notre bonne vieille Terre, je pense que je n'aurais pas trop abusé des bonnes choses. Donc, la mort ne me fait pas peur. Quant à aujourd'hui, elle m'ennuierait plus qu'autre chose, car je ne pourrais plus voir mes fils. Pour le reste, à la grâce de Dieu !

Le matin du 7 novembre, pas de place pour le cinéma maternel. En effet, les parents sont vite congédiés, car beaucoup d'examens m'attendent. Radio des poumons, électrocardiogramme, prise de sang et le repos imposé. Le lendemain, j'ai de nouveau droit à une nouvelle urographie, le jour suivant, une cystographie, examen indolore mais désagréable. En fait, je pense que tout dépend du mental des patients (es) à ce moment-là, lorsque l'on passe cette radio, on nous remplit d'eau mélangée à un produit médicamenteux, qui met en transparence les organes, en l'occurrence la vessie, les uretères et les reins. On nous demande ensuite d'uriner comme ça, allongé sur la table. Rappelons-nous quand même que durant des années, nos aînés nous apprennent avec plus ou moins de douceur la propreté par un passage au pot obligatoire et, du jour au lendemain, on nous impose de faire sur nous ! L'opération était programmée pour le mercredi 11 novembre, mais le professeur J. et son équipe avaient oublié que c'était un jour férié, par conséquent, celle-ci fut reportée au vendredi 13 novembre, ce qui leur laissa le temps de pratiquer une cystoscopie durant laquelle je suis passée par la phase « Humiliation ». En effet, nous sommes installée comme pour un examen gynécologique. Quand on a dix-sept ans et que l'on n'a jamais mis les pieds dans un cabinet médical de ce genre, que l'on a reçu un dressage autoritariste et qu'il y a peu, nous avons été agressée sexuellement ! En gardant pour soi sa peine, sa souffrance et sa honte, que l'on a tenu tête tant bien que mal aux irresponsables pour tenter de sauver une fierté tout humaine et que, quelques mois plus tard, on se retrouve quasi écartelée et que, dans cette posture, on doit faire face à une armada de macs, leur patron en tête ! Eh bien, le plus pénible reste à venir, sa seigneurie J. qui, comme le Roi-Soleil, est incapable de se déplacer seul, il lui faut un public pour paraître, je suppose ? Car imbu de sa personne, sûr de lui en tant que professionnel, tant mieux ! Mais aussi en tant qu'homme et là, pas d'erreur, il en pue de prétention et n'a aucune considération pour les patients (es) qui tombent entre ses mains. Ils ne sont en quelque sorte que de la chair à canon, et il en a encore moins pour une adolescente de dix-sept ans qui montrait les dents, refusait de baisser pavillon ou de jouer les soumises, jamais ! Plutôt crever !

Il y avait qu'une femme à mes côtés, je lui donnais à peu près quarante-cinq/cinquante ans, brave et compréhensive qui prit le temps, elle, de me voir, de ressentir cette envie de me sauver, de me cacher ; alors que cette espèce de mufle n'en finissait pas de m'introduire de l'eau, du produit et son fil, avec, au bout une caméra (pardon si ce ne sont pas les termes exacts), sans aucune précaution ni douceur. Elle intervint : « Monsieur, allez-y doucement quand même, bien que courageuse, elle est très jeune. »

Un moment, j'ai cru qu'il n'avait pas entendu et je dois reconnaître que j'aurais préféré cent fois cette solution. Au lieu de cela, il relève la tête, me regarde froidement et, d'un ton insultant, lui répond : « Prendre des gants avec elle ? Vous plaisantez, ça a déjà servi ! »

Des rires sarcastiques terminent les affirmations de cet individu stupide. Non, vraiment, l'instruction ne va pas de pair avec l'intelligence, loin s'en faut ! Je me sens rougir intérieurement, je prie très fort pour que ce calvaire s'arrête enfin, il avait raison bien sûr, mais il était si loin de la vérité, et puis même si cela avait été volontaire, en quoi cela le regardait-il ? De quel droit humilier les gens de cette façon ? Pourquoi attendre ou profiter de l'infériorité d'autrui pour l'écraser davantage ? Manquait-il à ce point de courage ? Ce genre de goujat ne s'encombre pas l'esprit de scrupules, il est pire que Pandore qui condamne sans jugement. Lui, J., exécute d'emblée, plus besoin de chercher le justificatif de la justification, tu es mort, point.

Cette humiliation publique subie, je remonte seule dans la chambre et pour la première fois depuis le début de mes démarches médicales, je pleure comme une petite fille, mais ai-je été petite un jour ? Madame Lomba, ma voisine de lit, cinquante ans, aide-infirmière de son état, originaire de la Guadeloupe, ne me dit rien, elle respecte cet évident chagrin et ce dos qui, à sa façon, réclame la solitude, la paix. Si vous saviez combien il m'est pénible de raconter cela ! Un voyage qui n'aurait dû me laisser que des souvenirs merveilleux me renvoyait chez moi tout aussi meurtrie si ce n'est plus, suivi de bien trop près par cette intervention chirurgicale qui, non contente d'être douloureuse physiquement, le devenait moralement. Quand je pense qu'après avoir déblatéré la première décennie j'étais certaine de ne plus rien avoir à hurler ! Aujourd'hui, je suis étonnée d'avoir réussi à enterrer si profondément tout ceci et me rends finalement compte de mon erreur, j'aurais dû, à cette époque, me débarrasser de ce fardeau, mais je n'étais pas entendue, alors comment aurais-je pu me faire écouter ? Le père ne voyait en J. qu'un homme surdoué, un génie, et la mère n'en finissait pas de faire ses éloges en terminant inlassablement sa phrase par : « Et en plus, il est beau ! Oh ! quel beau mec ! »

Si avec de telles inepties, on ne se retrouve pas dans le caca, ça ne saurait tarder, comme si cet animal avait besoin de tels commentaires, il était bien assez prétentieux comme ça ! Le jeudi 12, en fin d'après-midi, les parents sont venus me voir, la mère passait son temps à se lamenter : « Ça m'emmerde qu'il t'opère un vendredi 13, ça porte malheur, t'es sûre que tu veux pas voir Reine ? »

Aussi aberrant que cela puisse paraître, sa principale préoccupation était, elle, ce qu'elle ressentait, elle, toujours elle et sa précieuse famille, alors que n'importe quel imbécile aurait compris que cette partie de billard s'annonçait périlleuse, qu'elle donnerait du fil à retordre, puisque dans mon état, il m'était impossible de donner vie sans y laisser ma peau. Dans certains cas, il ne faut pas avoir peur des mots ; l'heure était grave. Mais pour l'instant, je suis encore en vie et je n'ai pas changé d'avis, même une fois morte, mes positions n'auront pas bougé et je demande au père de respecter ce vœu. Je sais qu'il le respectera et ce soir-là, j'étais encore plus à l'aise à ma place qu'à la sienne. Ils partent enfin ! Elle a réussi malgré tout à me démoraliser et presque à me culpabiliser ; je me tourne vers Madame Lomba, mais elle dort, il faut dire que le professeur F. l'a opérée ce matin, voilà encore un homme charmant. Je ravale donc mes angoisses et je prie, après tout, cela, fait si longtemps que je ne l'ai pas fait, si ce jour est le dernier, alors autant bien me préparer pour m'expliquer avec le bon Dieu qui me demandera des comptes, il me faut m'appliquer une dernière fois.

Le 13 à 7 heures du matin, je suis déjà au bloc. D'emblée, le ton est donné. En effet, l'anesthésiste me pique dans une veine de la main gauche pour pouvoir remonter si nécessaire dans l'avant-bras, le bras et le cas échéant jusqu'au cou, la douleur me fait grincer des dents et le plus gentiment du monde, sans le moindre lazzi, il m'explique que la peau des mains est la plus dure de notre corps : « Un peu comme de la peau de vache ! » Homme adorable en vérité qui, sans le savoir, m'aidait à quitter ce monde. Jusqu'ici, je n'avais été qu'un objet, voilà que maintenant, j'étais une peau de vache, après une telle montée en grade, je partais en chanson : « Une jolie fleur dans une peau de vache, une vache déguisée en fleur. » Finir en beauté chantante avec sa peur de la nuit, quelle joie !

Lorsque j'ai refait surface, ma bouche était entravée d'un truc en plastique qui s'enfonçait jusque dans mon œsophage. Mon premier réflexe fut de vouloir tirer dessus, mais une voix douce me dit un « non » sans appel, tout en demandant la permission de m'en débarrasser. L'accord obtenu, cette même voix me demande de renverser ma tête en arrière, ce que je fis non sans souffrance et par là même, je découvrais un regard aussi doux que la voix, cette dame devait être bien jolie, le médecin anesthésiste me dit : « Je suis désolé, mais il est 19 heures et à cette époque de l'année, il fait déjà nuit. » Dans un murmure, je parviens à me faire comprendre et il répond à ma question : « Juste avant de vous endormir, vous disiez ne pas aimer la nuit. » Je voudrais pouvoir le remercier, mais mes souffrances sont telles qu'il m'est carrément impossible de prononcer le moindre mot, j'étouffe à la première tentative respiratoire et je suis encore attachée. Le professeur finit de coudre à l'intérieur pendant qu'un autre chirurgien suture le bas-ventre, ensuite, aidé de quelqu'un d'autre, le professeur s'applique à refermer mon côté droit, c'est long, je souffre épouvantablement de tout mon dos, la table est raide, j'ai froid, « 32 », annonce une infirmière, j'entends les ordres qui tombent comme des couperets : « Donnez-lui de l'oxygène, préparez une couverture chauffante, vite, des compresses. » Je repars dans une inconscience bienfaitrice. J'ignore le temps passé dans cet état, mais lorsque je reviens sur « table », on me tripote le sexe, je ne comprends pas. Mon esprit n'est pas là, il est transporté des années auparavant quand André me faisait du mal et que je pouvais à peine me défendre, mais aujourd'hui, je ne peux même pas puisque je suis attachée, je m'agite, je m'affole, une voix impérative me crie : « Il suffit ! Donnez-lui des explications utiles, s'il vous plaît. Bon Dieu, je n'y comprends plus rien, j'étais pourtant sûr. » Si lui n'y comprend rien, que devrais-je dire ? Il n'y comprend rien. À quoi d'ailleurs ? Les larmes coulent et la voix douce me calme : « On ne veut pas vous faire de mal, mais il faut vous sonder, vous avez également trois drains pour l'écoulement du liquide pathologique, pour évacuer les saletés en quelque sorte, vous devez garder l'oxygène et, jusqu'à demain, le tuyau, comme vous dites, qui est dans votre nez, soyez patiente, c'est important, d'accord ? »

Sur ce, mes membres se détendent et je sais par les dires du professeur que cette sonde est montée jusque dans le rein droit restant. Dans un ultime effort, je demande que l'on prévienne mes parents, il faut leur dire que tout va bien et, bêtement, j'essaie de donner le numéro de téléphone, mais la voix douce me rappelle qu'ils le connaissent. Je ne sais pas pourquoi, mais tous ces gens semblent inquiets. Dans mon brouillard, j'en vois sept plus deux ou trois autres voix qui vont et viennent, elles obéissent à des ordres gestuels de leur patron. Ma souffrance dépasse l'entendement ; et je ne capte pas tout, il y a dans ma tête des moments d'affaissements. J'entrevois derrière une vitre, dans une pièce voisine, encore une dame qui note des instructions ou répond à des questions précises :

— Température ?

— Pour l'instant, ça ne bouge pas.

— Il faut frictionner.

Et je vois tous ces gens qui me frottent, mais je ne sens rien, ma carcasse a quitté ma tête. Ou est-ce l'inverse ? Le professeur s'adresse à moi :

— Serrez-moi la main.

— Oui.

— Sentez-vous lorsque l'on vous frictionne ?

— Tout est engourdi. Pourquoi ne suis-je pas morte ?

— Ça, Dieu seul le sait, ce n'était pas votre heure. Est-ce que vous nous sentez, maintenant ?

— Non.

— Ça va revenir avec le temps.

— C'est dommage d'être là, tant pis. Puis-je retourner dans la chambre ?

— Non, pour l'instant, ce sont les soins intensifs, voulez-vous votre lit ?

— S'il vous plaît.

— Température ?

— Elle revient, 34.

— Bien… Ah ! Voilà le lit.

Tellement heureuse de cette phrase et pure folie de croire que le fait de me retrouver dans mon lit, je serais guérie, et pourtant, j'y ai cru un tel point que je me suis redressée sur mes avant-bras pour retomber aussi vite, complètement étouffée avec une envie de hurler qui est refusée. Toutes ces souffrances sont insoutenables. Ma tête est rattrapée par les mains à la voix douce, puis j'entends comme dans les films : « À trois ! Un, deux, trois. » Comme par magie, le drap s'est envolé avec moi dedans, me laissant dans une profonde déception lors de l'atterrissage.

En effet, sur la table ou dans le lit, les souffrances restent ce qu'elles étaient, épouvantables. Ils m'injectent du produit dans le goutte-à-goutte, ils me recouvrent de la couverture chauffante. Une fois aux soins intensifs, ils me refont des clichés pulmonaires, comme ça, par-dessus les draps et couverture pour ne pas avoir à me bouger. J'ai la désagréable impression de m'être transformée en sucre durant l'intervention. C'est encore plus terrible de lire sur les visages l'inquiétude des gens, de ne pas savoir pourquoi et puis encore, de manquer de souffle pour les rassurer. Je me réveille une nouvelle fois, ma tête a rejoint mon corps puisqu'elle me brûle et me fait mal à son tour. La température dépasse leurs espérances, 38, il ne me reste plus que les draps. Ils reviennent avec leur appareil radiographique pour de nouveaux clichés pulmonaires et la dame me taquine gentiment : « Voilà, petite fille, vous allez remonter dans votre chambre, vos parents vous y attendent ! »

Malgré les mille précautions du brancardier, le moindre roulis me fait atrocement souffrir. Au passage de l'ascenseur, le flacon de goutte-à-goutte vole en éclats. À peine, ai-je franchi le seuil de la pièce que j'entends déjà les gémissements de la mère. Je fais un effort pour leur sourire, mais hélas ! Ma puissance s'arrête là, j'ouvre péniblement les yeux pour voir un père presque méconnaissable se pencher au-dessus de moi. Aussi loin que me ramènent mes souvenirs, je sais, en l'écrivant aujourd'hui, que je n'oublierais jamais cette image, raide, affolée, j'oserais même dire, effrayée. Rien ne voulait transpirer, mais ses traits le trahissaient, il était terrorisé. Il avait beau écarquiller ses yeux, rien n'y faisait, cela ne changeait rien, il ne voulait pas y croire et c'est la mort dans l'âme qu'il se rendait à l'évidence, je n'étais plus la fille qu'il avait tant de peine à accepter comme telle, mais une créature qui revenait de loin, qui avait survécu une fois de plus, presque un fantôme. Ses yeux me dissèquent véritablement, il se baisse et pose ses lèvres sur mon front en un baiser écrasant. Dans ces moments-là, il n'est point besoin de mots. Pour le rassurer, je lui murmure que tout va bien, alors que je sais mentir effrontément. En fait, je souffre le martyre, bien au-delà de ce que l'on peut imaginer. Avec l'aide d'une infirmière, je parviens à replier mes jambes sous moi, pour soulager mon dos, mais dans le même temps, le professeur entre et s'insurge :

— Pas question ! Il faut absolument garder les jambes allongées pour que l'urine reprenne son circuit normal !

— Mais elle a mal au dos.

— Mettez un matelas spécial.

— Maintenant ?

— Il fallait y penser plus tôt, exécution !

— Bien, Monsieur.

— Appelez l'infirmière en chef pour les pansements.

Que le ton est autoritaire ! J'ai beau y être habituée, d'instinct, je me raidis, le père s'avance et lui demande :

— Pourquoi l'oxygène ?

— Son rein supérieur droit était en état de décomposition et des déchets sont montés jusqu'aux scissures et se sont également collés au diaphragme et aux poumons, cela a représenté un très gros travail de décollement de chairs. Comprenez, il m'a fallu passer entre le poumon et les côtes d'où sa peine à respirer normalement, mais ça ne durera pas, je vous rassure.

Religieusement, le père a écouté. Je fus soulevée une nouvelle fois pour l'installation de ce matelas. Mon père fut les mains qui manquaient pour cette manipulation qui devait se faire en douceur. J'entendais plus loin les jérémiades maternelles, égale à elle-même, contre vents et marées, rien ne la changeait. En réalité, ce que j'ignorais, c'était l'heure. En effet, vu les circonstances, les parents ont été autorisés à venir me voir, mais il faut savoir qu'il était 21 heures 40. Je me souviens des yeux cernés du professeur et sa façon de faire sortir la mère en lui tenant le bras, pendant que l'on me refaisait les pansements. Mon corps n'était que douleurs, il me semblait que pas une parcelle de ma carcasse n'était épargnée, chaque mouvement était une nouvelle torture. À un moment, les infirmières se sont rendu compte de l'immobilité du père et pour le sortir de sa léthargie, lui demandèrent de s'asseoir dans le fauteuil à côté du lit et de m'aider à garder le haut de mon corps en position côté gauche pour soigner le droit : « Je te tiens, n'aie pas peur, je ne vais pas te lâcher », me disait-il souvent. En fait, je crois qu'il essayait de se rassurer, car il était aux premières loges pour voir ces plaies fraîchement recousues, ces drains qu'il fallait nettoyer avec application. Moi, je ne voyais rien. Je sens qu'une question le taraude :

— Pourquoi cette ouverture sur le ventre ?

— Parce que chaque rein était indépendant. Ils avaient chacun leur uretère, il fallait donc les débrancher en quelque sorte de la vessie. De même que ce drain-ci qui est plus long, car il est directement appliqué sur le reste du rein inférieur droit qui a subi des dégradations.

Plus ça va et plus le père me semble assommé, toutes ces questions posées dans l'espoir de trouver une éclaircie l'enfoncent tout au contraire dans le noir. Je tente un sourire rassurant, mais les calmants deviennent trop faibles par rapport aux souffrances, heureusement, le professeur L. passe me voir et communique les derniers ordres de J., il faut absolument me maintenir calme le plus longtemps possible et pour ce faire, calmer les douleurs sans vraiment pouvoir les annuler, car les reins sont des filtres précieux pour le sang, ça le débarrasse de tous les mauvais éléments tels que l'urée, l'acide urique et cætera, donc, pas question de les endormir. Le professeur L., toujours cette bonhomie sur son visage, regarde le père : « Rappelez-vous. Je vous avais dit que c'était une opération, dans le cas présent, très délicate et, surtout, très douloureuse, cela va bien durer huit à dix jours, après, elle récupérera petit à petit, il faut être patients. Il est tard, je vous laisse. »

La mère revient et me regarde horrifiée, pour une fois, c'est une épreuve dont elle ne veut pas et qu'elle ne tient pas à partager avec moi : « Bon, nous allons partir, ça ira mieux demain, hein ? On te laisse » me dit-elle et si une fois dans ma vie, je dois leur demander pardon, c'est bien cette fois-là, car ma réponse était sans aucun doute odieuse : « Je m'en fiche. »

Cette phrase n'était qu'un souffle, mais qui avait fait mouche, elle était scandalisée :

— Ah ! Ben dis donc, ça fait plaisir !

— Tais-toi, tu vois bien que ce n'est pas elle, regarde, ses traits sont tirés, elle est blanche comme ses draps, chaque mouvement la crispe, mais regarde !

J'entends vaguement la voix du père se briser et plus rien. Dans la nuit, les infirmières viennent à quatre reprises pour des prises de sang ; deux autres fois, c'est un médecin qui, sur ordre de son patron, vient s'assurer de ma tension et de cette fichue machine qui fait bip-bip en permanence. Comme la nuit est longue lorsque l'on ne dort pas vraiment ! Enfin 6 heures ! Le service de jour prend possession des lieux, suit les recommandations du service de nuit, un va-et-vient incessant s'installe et devient vite aussi pénible pour moi que mes souffrances corporelles, mais ils font leur boulot et le font bien animés d'une conscience professionnelle aiguë. Le plus pénible après moi sans doute, c'est le changement des pansements, car à chaque change, c'est une épilation gratuite, comme le dit si bien l'infirmière : « Quand on en aura fini avec vous, votre petit duvet blond deviendra une toison d'or. »

Chacun tente de plaisanter à sa façon, car, même s'ils ont mal de nous voir comme ça, jamais ils ne se laissent aller, ils n'en ont pas le droit et puis les années passant, ils finissent par se blaser et se forgent une cuirasse qui tant bien que mal les protège. Ce samedi sera encore long et ma peine à respirer, intacte. Dans ce parcours du combattant, je vais apprendre la patience dans toute son amplitude. Après les pansements, elles me retirent enfin ce tuyau que j'ai dans le nez, les glaires suivent et me font des haut-le-cœur qui provoquent des renvois qui me déchirent véritablement. Bref ! Lorsqu'elles quittent la chambre, elles laissent une carcasse épuisée qu'elles ont droguée de nouveau pour apaiser les souffrances. Le midi, je réussis à boire un peu, mais ne mange pas. En fin d'après-midi, les parents sont là. Dans ses rêveries, la mère avait décrété que j'irais mieux et donc, j'allais les accueillir à bras ouverts, tambour battant, sautant, pieds joints sur le lit. Inconsciente qu'elle est, c'est terrible, car il en va de même lorsqu'elle bave et qu'elle fait tout pour se convaincre et convaincre les autres qu'il pleut ! Ce jour-là était du même bois, elle avait rêvé, décrété, alors cela devait être, il y avait donc de la colère dans sa voix quand elle s'est adressée à moi : « Mais qu'est-ce que c'est que ce cinéma ? Tu t'laisses aller, ma p'tite, si tu crois que je vais te plaindre, regarde ta voisine, elle est plus vieille que toi et elle marche ! Non mais ! » Dans sa colère, elle avait oublié que nous étions à l'hôpital et non à la maison. Madame Lomba essaie de la calmer, de lui expliquer la gravité de mon opération, mais en vain. Je me sentais épouvantablement gênée qu'une étrangère prenne ma défense avec autant de cœur surtout qu'elle était loin d'imaginer le mental retors de la mère :

— Je ne veux pas le savoir, moi aussi quand j'avais vingt ans, j'ai été opérée de l'appendice, c'était autre chose qu'aujourd'hui et il a bien fallu que je me secoue !

— Mais vas-tu te taire à la fin ? On ne parle pas de toi pour le moment, mais de la gosse. Toi et ton appendice ! Si la môme fait pareil plus tard avec ses enfants au sujet de son opération des reins ? Les pauvres gosses, ils n'ont pas fini d'en entendre, et encore si elle peut en avoir.

C'était bien là le problème, rien n'était moins sûr déjà et, de plus, il ne s'agissait pas d'elle, mais de moi, bien contre ma volonté, je m'en serais bien passé, mais le fait était là et ça, c'était pire que tout, elle ne pouvait pas le supporter.

Alors que je tentais un redressement dans mon lit qui apparemment m'était impossible seule, Madame Lomba revenait armée de l'infirmière en chef, cette brave dame n'avait pas supporté longtemps les états d'âme maternelle, pour elle, il était tout simplement inadmissible de me maltraiter de la sorte vu les circonstances. Mais la bêtise de cette famille est bien supérieure à la moyenne et ils en sont fiers, car même lorsqu'ils ont tort, ils ont raison. Toujours calme et posée, l'infirmière ne semble pas prêter grande attention aux divagations de la mère et avec l'aide du père qui avait peur de me faire mal, ils me redressèrent un peu pour mon plus grand soulagement, pauvre Pandore, il me fait penser aux sept nains qui se posent la fameuse question : « Par quel bout s'y prend-on ? »

Il était bien empoté, mais pas la professionnelle qui me demande :

— Vous n'avez pas mangé à midi, pourquoi ?

— J'ai vomi ce matin, je n'avais pas faim, j'ai bu.

Et je referme les yeux, épuisée par ce suprême effort que je venais de faire, murmurer. Elle me dit comprendre, me redonne à boire et me demande de manger ce soir. Sur ces entrefaites, le professeur pénètre dans la chambre et fusille la mère de son regard noir. De plus, il n'est pas homme à se préoccuper du pourquoi ou du comment, à savoir si Madame est ceci ou cela, et il lui en met plein la tête : « Je pensais avoir été clair hier soir, votre fille a du mal à respirer parce que les poumons ont été touchés, les côtes aussi puisque j'ai même cru à un moment être dans l'obligation d'en scier deux. Nous lui avons retiré un rein pourri, incisé celui qui se trouvait dessous, car abîmé, dans lequel nous avons rebranché un uretère en plastique et, pour finir, nous avons aussi incisé la vessie pour extraire les deux uretères d'origine, toutes deux foutues et nous y avons implanté l'artificielle dans l'espoir qu'il n'y ait pas rejet, et pour cela, il faut attendre. Je peux vous assurer que c'est autre chose qu'une appendicite même si elle a eu lieu vingt ans en arrière. À cette époque, ce n'était déjà plus grave puisque, dans tous les cas, il ne s'agissait pas d'une péritonite. Maintenant si vous n'êtes pas capable de venir voir votre fille sans la gratifier de stupidités, restez chez vous ; dans le cas contraire, je ferais interdire les visites, celles-ci ne seront plus accordées qu'à son père, me suis-je bien fait comprendre ? Ai-je été suffisamment clair dans mes explications mises à la portée de tous ? Je coupe, je taille, je rogne, je branche et je débranche, je m'arme de patience et par obligation, j'attends. Est-ce clair ? »

On peut dire que pour la première fois de leur vie, les parents font la connaissance de QUELQU'UN qui n'a pas l'intention de s'en laisser conter et qui ne supporte pas le cinéma. Le père le regarde fixement, il est assommé et cela est tellement évident que le professeur lui demande de s'asseoir, la mère garde la tête basse, murée dans un mutisme obstiné, pour la énième fois, elle a voulu jouer au petit soldat, mais cette fois, elle est tombée sur un général. D'un signe de tête, le patron demande de mes nouvelles à l'infirmière :

— Très faible, renvoi de glaires en abondance ce matin, beaucoup de sang dans les urines, température.

— Bien. Il faut l'aider à manger, il faut avoir raison de cette fièvre d'ici quatre jours, au plus tard. Quant à vous, jeune fille, criez, pleurez, ça vous soulagera, mais surtout, laissez-vous aller, personne ici ne vous demande l'impossible, seulement de nous aider à vous aider, courage.

Un dernier regard vers la mère, un dernier salut de la tête et il quitte les lieux. Courageuse comme un âne qui recule, la mère attaque : « Eh ben, dis donc ! Ça ne doit pas être du gâteau de travailler tous les jours avec un con pareil ! » C'est bizarre, ce n'est plus un dieu, il n'est même plus beau mec. Il est clair, en revanche, que pour exercer ces professions, qui plus est, dans les hôpitaux parisiens où ils en voient de toutes les couleurs, il faut des tripes et du caractère ; et notre infirmière en chef ne fait pas exception à la règle : « Madame, dernière réflexion désobligeante de votre part, sinon c'est la porte ! Nous devons travailler dans le calme pour donner le maximum de bien-être à nos patients, en l'occurrence, votre fille, et ces soins ne sont pas du luxe, mais une obligation, un impératif ! »

À voir la tête du père, je pense qu'une fois rentré à la maison, il a dû hurler après la madone, de quoi affoler toute la rue Joyeux, car depuis, plus rien, chaque visite se déroulait sans trop d'accrocs. Le dimanche, ils sont arrivés avec un beau chat en peluche bleue dans une boîte de collection. Au cours de mon dernier déménagement, il est resté dans un carton et tout brûlait ardemment lorsque je m'en suis rendu compte, mais trop tard. L'instant de peine passé, je me suis dit qu'après tout, c'était peut-être une bonne chose, la page se tournait d'elle-même. Le lundi, n'ayant toujours pas réussi à manger, je fais une diarrhée, ce qui est normal et je ne m'en inquiète pas plus que cela et si les infirmières ne l'avaient pas signalé au professeur F., je n'en aurais pas parlé, mais à partir de ce moment-là, le midi, une aide-soignante m'assiste pour mon repas, avec beaucoup d'humour, je le reconnais. En effet, même elle avait du mal à couper cette tranche de cheval et me dit : « Comment voulez-vous arriver à manger ça, c'est raide comme la justice, c'est un bourrin qui a fait Longchamp, ce n'est pas possible ! »

Sur ce, elle retourna aux cuisines, rien que pour moi, pour leur redemander la même chose mais hachée. J'étais fort surprise à l'époque de tant d'attention à mon égard et aujourd'hui encore, des larmes d'émotion coulent sur mes joues. Ce même lundi, ils m'arrêtent cette fichue machine, vous savez bip-bip ! Il ne s'agissait en fait que de l'électrocardiographe placé près du lit, mais que je n'ai jamais eu la possibilité de voir et pour cause ! Je n'avais pas encore quitté ma couche. Progressivement, l'oxygène est diminué. Au tout début, c'est dur, mais avec l'aide d'un kinésithérapeute qui me réapprend comment respirer, à la façon d'un bébé, avec mon ventre, cela passe mieux. Durant ces cours, des tranches de rigolades s'invitent, mais se meurent bien vite étouffées par la souffrance. Les larmes coulent toutes seules et même ça, c'est douloureux. Ce garçon est jeune encore et tout imprégné de sa foi intacte, plein d'optimisme ; et il me redonne le moral que je ne suis jamais parvenue à perdre. Ce qui m'étonne, c'est qu'il me dit que je suis une grande fille qui sait bien se battre et que je vais m'en sortir. Je le verrais trois fois en tout. Le mardi, je fais un grand pas en avant, je me lève ! Oh ! Je ne vais pas bien loin, juste pour faire le chemin qui me mène au fauteuil, mais que c'est agréable, mon dos est endolori et, pendant que ces dames refont le lit, le kiné masse doucement mais longuement ce dos meurtri par la trop longue posture couchée et par la plaie. Décidément, ce mardi est jour de rigolade, car lorsque les infirmières me pansent, tout en tirant sur les drains, elles me disent que la cicatrice sur mon flanc droit fera encore au moins 12 à 15 centimètres et l'abdominale entre 6 et 8 centimètres, et les voilà parties avec leur mètre de couturière, ce n'était pas triste ! Je me souviens de la seule pensée qui me fût venue à ce moment-là : je suis déjà moche, alors un peu plus ou un peu moins, quelle importance ! Depuis, j'ai eu l'occasion de me mettre une ou deux fois en maillot de bain sans en éprouver ni gêne ni honte, mais une totale indifférence, je m'en moque ! Plutôt rassurée en me disant que pour une fois, la nature avait bien fait les choses, n'étant pas une déesse de beauté, il n'y avait rien à regretter. Après tant d'émotions, lorsque les parents sont arrivés ce soir-là, je dormais du sommeil du juste. La mère ne tolérant absolument pas cette attitude de ma part me réveilla sans ménagement et me reprocha de ne faire que ça : « Tu t'rends compte ! Daniel est venu te voir avec des roses et toi, tu dors, on arrive, tu roupilles encore, profite, ma vieille, parce qu'à la maison, ça va changer, j'vais pas laisser un lit ouvert toute la journée pour ça ! » Le père se fâche et il me faudra tout mon calme pour apaiser la situation. J'explique que je vais mieux, que chaque jour, je fais un nouveau pas en avant et que ce matin, je me suis levée. Il reste inquiet et me demande d'aller doucement, d'être prudente et sage. Cela faisait longtemps que je n'avais pas entendu cette expression : « Même si je voulais faire vite, je ne le pourrais pas, je ne peux ni rire ni pleurer, tout est pénible et douloureux, alors je réapprends à respirer ainsi que la patience, je sais que ce sera long. »

Ce jour-là, je m'aperçois que la mère porte toujours les mêmes vêtements et pourtant, je connais l'importance de sa penderie et je m'interroge tout haut. « Ce sont des fringues pour l'hôpital, ici c'est dégueulasse, plein de crobes, avec ton père qui s'traîne partout dans le fauteuil, quand on rentre à la maison, ça reste dans l'entrée et on les remet juste pour venir, ça m'dégoûte. Après, c'est la laverie sinon je les brûle, ton père est prévenu, y a rien à dire ! » À cet instant, toutes mes pensées sont pour Pandore. Dans quel bourbier t'es-tu fichu en l'épousant ? Pourquoi l'avoir fait ? Il me faudra attendre la quatrième décennie pour avoir enfin quelques réponses à mes questions. Mais pour l'instant, je suis là à regarder mon père dans ses petites godasses, il me fait de la peine ; et dans le lit voisin, j'en vois une qui commence à fumer sérieusement et qui préfère sortir avant d'exploser tout en maugréant : « Elle est une montagne de crobes à elle toute seule. »

La mère est vexée. Tant pis, elle s'en remettra. Quant au père, je reste lucide, lui qui pratique si bien la trique pour chasser un naturel qui pourrait revenir au galop, sachant pertinemment que ce sera son cas, c'est trop puissant chez lui, cette haine qui le dévore et contre laquelle je ne peux rien, elle le détruit, mais depuis quelques mois, il n'est plus le maître incontesté de la situation et il est perdu, et encore plus, lorsqu'il me voit comme ça, cela lui semble impossible, c'est la première fois que je l'entends dire que ça n'est pas juste, c'est la première fois qu'il me touche sans cogner. Il prend ma main gauche encore bleue et gonflée, il le fait avec délicatesse de peur de me faire encore plus de mal. Et autant d'attention à mon égard ne plaît guère à la mère :

— Reine voudrait venir te voir, j'ai dit : « peut-être ».

— Et moi, je dis « non » ! Qu'elle se débrouille avec sa conscience et qu'elle remercie le ciel, je vis, je ne sais pas pourquoi, mais je vis ! Et de toute façon, dans le cas contraire, Pandore n'aurait pas permis sa présence, n'est-ce pas ? J'avais promis. Merci.

Le père m'embrasse en partant, mais pas elle, elle pourrait salir encore plus son manteau. Avec le recul, je me demande : Que faire face à un tel égoïsme ? Je ne sais pas, mais je sais une chose, c'est que les liens du sang sont puissants, qu'ils existent puisque même Pandore a réussi, à cette époque, à faire fi de sa rancune, alors que la mère se montrait incapable d'oublier sa phobie des microbes et que sa maniaquerie ainsi que sa famille resteront les plus précieuses à ses yeux. Mère n'est qu'un titre dont aujourd'hui encore elle ignore les tenants et les aboutissants. Mes yeux restaient hermétiquement fermés à cette évidence, il me fallait croire coûte que coûte, je ne voulais pas voir un état qui me semblait tellement aberrant, incroyable, et pourtant. Madame Lomba, l'amour en personne, va mieux, elle me fait la conversation et le jeudi, juste avant que l'on me retire la sonde, me met en garde : « Surtout, ne t'affole pas, ta vessie n'est plus habituée à faire pipi toute seule, tu vas sûrement faire sous toi ou ça va couler le long de tes jambes en marchant, et comme tu ne vas pas vite, ce n'est pas grave, d'accord ? »

D'accord ou pas, cela se produisit et, malgré l'avertissement, j'étais toute honteuse, presque huit jours pour retrouver une certaine autonomie, quel bonheur ! Car depuis ce fameux 13 novembre, il m'a fallu réapprendre à respirer, manger et même pisser ! C'est le comble ! Chaque jour m'apportait une nouvelle petite joie ou un nouvel inconvénient. En effet, la fièvre persistait et pour cause ! Un abcès n'avait rien trouvé de mieux que de se loger dans la plaie principale, je vous passe sous silence le moment où il a fallu le vider, je crois que, dans mon citronnier, tous les personnages de Walt Disney faisaient la farandole, c'est un combat que j'ai mené, bien éveillée et consciente de mon départ, puis plus rien, le vide, un trou noir et allez donc savoir pourquoi ! Résurrection ! Décidément, la bête a la carne dure, je suis épuisée, vidée comme quoi, à l'époque, il m'en fallait peu pour capituler, un peu comme aujourd'hui, mais l'organisme humain est une magie à lui seul et je suis encore et toujours là puisque je vous écris ! C'est étrange, voire bizarre, de raconter ces évènements, mais qui sait ?

J'espère une libération prochaine de tous mes tourments, toutes mes souffrances. Après quatre semaines d'hôpital, j'ai la surprise de voir débarquer dans la chambre le service administratif, qui me fait connaître son besoin urgent de lits et m'annonce mon départ pour le lendemain matin, dimanche. Ils me proposent de m'envoyer en maison de repos où les soins pourront m'être prodigués comme chez eux. Je refuse tout net, étant déjà prévenue par la madone des lamentations qu'il était grand temps que je sorte, que cela commençait à faire long, qu'elle était « épuisée », « vidée », « lessivée », furent les expressions exactes débitées de sa bouche. Alors, la maison de repos, mieux valait ne pas y songer. J'ai donc rejoint mes pénates ce dimanche matin et le ton me fut donné dès mon arrivée sur le parking de l'hôpital. Il faut que je l'écrive, car si je devais le raconter, on refuserait de me croire, là aussi. D'ailleurs, il n'est pas utile d'en rajouter, mais je me connais suffisamment bien ainsi que mes défauts, innombrables, n'en doutez pas, pour savoir que vingt-huit années écoulées ne sont pas assez longues pour en avoir fait mon deuil et pouvoir garder mon calme en le contant, surtout que depuis, j'ai eu la chance d'être maman, d'avoir malheureusement été souvent obligée d'emmener mes enfants dans ces lieux de soins et n'avoir jamais mis en œuvre de telles pratiques. À peine arrivés à la voiture, le père ouvre le coffre, sort un grand sac-poubelle dans lequel il met mon sac de vêtements microbiens, et d'emblée, il y a un problème : entrer dans le véhicule. C'est une grosse Ford à deux portières, ce qui explique qu'il faut se plier en deux pour passer derrière, or, pour moi, c'était plus qu'épineux, carrément dangereux, mais il n'était en aucun cas question pour elle que je m'assisse à sa place, il s'agissait de SA place et il était impensable qu'elle passât derrière. Je me suis retrouvée à deux doigts d'être engouffrée dans un taxi. Finalement, après une gueulante du père, mais de laquelle elle sort quand même gagnante, il poussa complètement son siège conducteur contre le volant et m'a aidée tant bien que mal, plus de mal d'ailleurs, à passer derrière. Inutile de vous dire qu'une fois casée, plus question de bouger, chaque mouvement étant un supplice. Élisabeth, Marie, gardez votre calme, s'il vous plaît, d'abord parce que ce n'est pas fini et ensuite, inutile de lire deux fois, dès la première lecture, dites-vous que vous ne rêvez pas.

Arrivés à la maison, je reste dehors sur le palier, car eux sont entrés en premier pour mettre leurs fringues pourries dans un autre sac-poubelle, puis dix bonnes minutes plus tard, frigorifiée, à quatre doigts de l'évanouissement sous les hurlements du pandore, j'ai enfin droit de rentrer mais sans toucher les murs. Elle surveille, il me retire mon manteau qui est jeté par terre, ma robe suit le même chemin, je suis en soutien-gorge et petite culotte, bardée de pansements, sans collant mais j'ai encore mes bottes. Cependant, comme il n'est pas question de m'asseoir, pas même sur un tabouret avec mon slip de l'hôpital, et ne pouvant me baisser pour faire descendre la fermeture Éclair, c'est le père qui me débotte. J'avais froid, je claquais des dents, c'était sans importance et ce n'était pas terminé. Ayant interdiction formelle de prendre une douche, cela se comprend aisément, elle me lava au gant de toilette et pour m'achever définitivement, comme il fallait protéger IMPÉRATIVEMENT la taie d'oreiller propre qu'elle avait mise dans le lit, elle me lava les cheveux, pliée en deux dans le lavabo et comme si ça ne suffisait pas. Durant toute cette toilette, je me suis fait copieusement enguirlander, car je ne pliais pas assez et elle éclaboussait partout avec cette eau dégueulasse.

ON respire ! Élisabeth, Marie, gardez votre calme, tout va bien, gardez-moi et témoignez-moi toujours ces précieux joyaux qu'est l'amitié, je ne vous en demande pas plus, je sais que la pilule est raide, mais, pour vous comme pour les autres, il vous sera peut-être plus facile de comprendre les excuses que je trouve parfois à mon pandore. À mes yeux, il n'est ni mieux ni pire qu'elle et puis voyez, tout va bien et il ne remonte pas d'aussi loin le jour où nous étions plus près géographiquement et où nous pouvions nous étreindre, nous embrasser, c'est que je suis encore de ce fichu monde sur notre bonne vieille terre de France !

Quand j'ai enfin quitté les griffes maternelles, ce sont les bras paternels qui m'ont réceptionnée juste avant que je ne m'écroule. Là, plus aucun doigté, je sors du brouillard avec des cris stridents du genre : « Bordel ! La chemise de nuit toute propre. Elle commence à faire chier, celle-là ! »

Pandore m'accompagne à ce fameux lit qui était bien sûr beaucoup trop bas par rapport à celui de l'hôpital, puisqu'il ne s'agissait plus que d'un sommier sur pieds, aménagé pour la circonstance dans la salle à manger, pour soi-disant m'éviter de monter les marches. Brave Pandore, sa vie a dû être un enfer durant tout mon séjour. Il m'installe, je le rassure, lui dis que tout va bien.

— T'es sûre ?

— Oui.

— Et ton malaise ?

— Ça va, je vais dormir. Pardon, mais je suis fatiguée.

— Oui, dors, c'est bien.

Il était 10 heures du matin, lorsque je me réveille, il est 13 heures 30 et le père vocifère après la mère, elle ne l'a pas volé. Mon Dieu comme j'ai détesté le professeur J., mais comme j'aurais aimé qu'il soit là, je crois qu'il l'aurait massacrée, s'il avait su ! Je n'en ai jamais parlé à personne et même elle ne s'est jamais vantée de ses folies et si elle prend un malin plaisir à se vautrer dans cette époque, elle paraît : « Oh ! La pauvre môme, qu'est-ce qu'elle a souffert, c'était terrible, je savais plus quoi faire, elle priait, mon Dieu, mon Dieu, c'était affreux ! »

Bref, face à un tel baratin, l'interlocuteur (trice) est tout chambardé(e) pour cette brave femme qui a dû faire face à une terrible épreuve. Voilà les filles, le plus gros est passé, tout va bien, sauf le lendemain, je dois bien l'admettre, car avec toute cette gymnastique, l'urine est repassée par la plaie et il a donc fallu me ramener à Paris, et une demi-journée d'examens. Rien de grave, mais la prudence était de mise et quand nous sommes revenus au bercail, la madone s'est abstenue de ses lavages intempestifs. Avec tout cela, les vacances de Noël sont vite arrivées et, comme par hasard, le coup de fil d'Ève et de Loup, annonçant leur venue. Sans se soucier le moins du monde de mon état, la mère donne son accord en précisant que je n'aurais qu'à me serrer un peu. J'écoute tout ça tout en pataugeant dans la semoule.

— Mais là-haut, il y a la chambre, ils ont bien assez de place pour eux deux ?

— Non. Certainement pas ! Là-haut, j'ai installé mon linge, toi tu t'rends pas compte le boulot que ça r'présente pendant que t'étais à l'hôpital !

— Mais tu ne m'as donné aucun vêtement et vous, vous étiez tout le temps habillés pareil !

— Je veux pas l'savoir, j'ai décidé que c'était comme ça, t'as pas besoin d'autant de place !

— Autrement dit, tu t'es octroyé la chambre, tu me l'as prise.

— Ben, pour l'instant, ça change rien puisque tu ne peux pas monter et pis, tu m'fous la paix !

— En somme, quel dommage que ma prière ne se soit pas réalisée et que la vie l'ait emportée sur la mort, n'est-ce pas ?

J'affirmais une réalité tout en finissant par une question, on ne sait jamais. Eh bien, non, on ne sait jamais. Elle ne démentira même pas. À dater de ce jour, je me suis dit que lorsqu'elle était venue me voir à l'hôpital, le premier soir, sa colère n'était pas feinte et était directement dirigée contre moi, j'étais encore en vie ! Vraiment, pour moi, il semblerait que l'amour soit un vain mot, incompatible à ma personne. Si vous saviez la peine que j'ai ressentie ce jour-là, je sais, c'est idiot, mais c'est comme ça. Après ça, comment peut-on s'aimer, maître Anny ? Contre toutes attentes, le sort s'acharne sur elle et ses désirs, car lorsque leurs seigneuries Taquet posent leurs premiers bagages et que Marc me voit, il est catastrophé : « Mais Rosemonde, t'es inconsciente ! T'as vu dans quel état est la môme ? T'es pas bien. » Loup, étant le digne représentant de sa chère tante, il n'admet aucune contrariété, aucun contretemps, s'empresse de dire :

— Mais nous, on peut coucher là-haut dans la chambre, hein, Tata ?

— Non. Là-haut, y a mon linge, Loup dormira dans un lit de camp et Ève avec elle, ça va pas la tuer !

— Quoi ? Mais t'es folle, il fallait le dire ! Bon, on mange un morceau et on repart.

Tout le temps du repas, une joute verbale s'est instaurée entre Ève et la mère, la première était scandalisée de constater que la mère s'était approprié mon dû, comme elle disait, et l'autre qui essayait de leur prouver par A + B qu'ils avaient tort de ne pas vouloir rester et, pour finir, avoua : « Merde, vous pouvez bien rester, y en a ras le bol des hôpitaux, vous m'auriez changé les idées, r'gardez-moi ça la gueule qu'elle a ! Non, allez, vous pouvez bien rester ! »

Dans sa colère, Taquet a failli s'étouffer et, du coup, ne finit pas son dessert, ils repartent en m'embrassant longuement, c'était la première fois qu'ils m'embrassaient ainsi. Après cela, Ève téléphonera chaque jour pour prendre de mes nouvelles, je ne pouvais malheureusement jamais répondre en direct, car trop faible, ma voix ne passait pas dans l'appareil. Trois jours avant Noël, j'ai reçu une carte de Yougoslavie, c'était notre guide qui me remerciait d'avoir tenu mes promesses, il m'embrassait et était de tout cœur avec moi. Une autre provenait de Londres, du médecin yougoslave que j'avais vu durant mes vacances et qui avait fait ses études chez nous, quel parcours ! Lui aussi savait, lui aussi me remerciait de cette parole honorée, il était fier de moi, écrivait-il ! Un petit mot était destiné au père, mais je suppose qu'il l'avait déjà lu puisque dès que je recevais du courrier, la mère s'empressait de l'ouvrir et de le lire : « Tu n'es pas majeure, je fais ce que je veux ! » prétextait-elle. Mais une fois mes dix-huit ans sonnés, rien ne changea.

Ouf ! Nous sommes le jeudi 23 octobre 2003, si vous saviez les tours, les contours et les détours que j'ai faits avant de pouvoir m'atteler à cette tâche, à ce passage de mon existence, de mon premier amour, en passant par l'agression pour finir enfin, avec cette opération. Je ne ressens aucun bien-être, du soulagement sûrement, d'être loin de cette époque, mais le cœur vidé pour laisser la place aux véritables amours de ma vie, mes fils. Et je l'espère, aux véritables amitiés acquises et aux futures, c'est mon vœu le plus cher. Je ne pensais pas noircir autant de feuilles pour un si petit épisode qui, tout bien réfléchi, ne dure qu'une année, de janvier 1976 à décembre de la même année. Sachez que pour ce Noël, le père m'offrit un 13 en or que je porte souvent avec une autre effigie religieuse.

1977 débutera pour moi de façon cahotante, ce qui se comprend aisément. Les quatre premiers mois seront répartis entre les visites à Paris et celles du généraliste, et bien sûr en balades avec la marquise qui, dès qu'elle peut traîner ses guêtres, ressuscite à vue d'œil, c'est là que l'on se rend compte des véritables malades qui font des efforts pour sortir la tête de l'eau et ceux qui font du cinéma. Je crois l'avoir déjà écrit, à côté de la mère, toutes les actrices de France et de Navarre ou du monde peuvent toutes aller se faire voir, elles resteront toujours des débutantes, la vraie star, c'est elle, ai-je précisé, la star des emmerdeuses. Non, eh bien, c'est fait. Des hauts, des bas, des infections urinaires sans raisons particulières, je vole d'arrêts maladie en prolongations. Bref ! Ce n'est pas le paradis. De plus, la mère s'est habituée à avoir un larbin à sa botte, et l'ironie de cette situation, c'est que le corps médical s'inquiète de la longueur de mon rétablissement. Devant les médecins qu'elle regarde froidement dans les yeux, elle assure que je ne fais rien si ce n'est me reposer et, pendant le trajet du retour, elle échafaude déjà le turbin qui m'attend pour le lendemain. Bientôt le mois d'avril ! Je n'en peux plus, et de ses malveillances et cette santé qui défaille en permanence, ma devise étant « Droit devant et à la grâce de Dieu », je me présente dans tous les commerces de la région corbeil-essonnoise, cela vient jusqu'aux oreilles du paternel qui en parle à table pendant le repas du midi. Hélas ! Trois fois hélas ! Les insultes coutumières maternelles pleuvent et je crois que c'est ce qui me tue le plus. Finalement, le 30 mars, une bonne nouvelle arrive par la poste, je suis attendue dès le lendemain chez un marchand de chaussures pour commencer de suite. Ma foi, pourquoi pas ? Ne pouvant plus préparer le métier de coiffure, de la tête descendons aux pieds, il n'y a pas de sots métiers, que des sottes personnes et, de toute façon, pour moi, il n'y a pas l'ombre d'une hésitation, je préfère vendre des chaussures plutôt que de pointer au chômage. Eh oui ! Comme tous les pauvres qui se respectent, nous plaçons notre fierté au-dessus de tout. De plus, je suis bien trop jeune pour rester inutile comme ça, enfermée à la maison sous haute surveillance, à ne pouvoir sortir dans la rue. Pensez, quand on vient d'être opérée ! Mais pas pour faire le ménage, ne pas pouvoir lire, ça ne sert à rien, ne pas regarder la télévision, c'est pour les fainéants, être obligée de se battre corps et âme pour récupérer mon coin de chambre qui s'est sérieusement amenuisé durant mon hospitalisation, et ma convalescence que j'aurais mieux fait d'aller passer en maison de repos plutôt que de m'occuper des désirs de Madame.

Bref ! À moi le boulot, ça, je sais faire, j'ai toujours su faire et lorsque je ne sais pas j'apprends sur le tas, meilleure école qui soit en vérité, mais pauvre de moi ! Je suis sans certificat d'études ni brevet des collèges, ni CAP, ni BAC, rien de rien, juste des cuvettes, bassines, lessiveuses, qui sont du reste fort utiles, mais sans valeur aux yeux du monde professionnel. Il ne me reste que mon huile de bras, intarissable, une chance ! Enfin, je reprends pieds dans la vie de tous les jours et vous ne croyez pas si bien lire. Cinquante-cinq heures minimum par semaine, du mardi matin 8 heures au dimanche après-midi 13 heures, soit deux cent seize heures minimum par mois, pour mon premier salaire d'avril, neuf cent quatre-vingt-neuf francs et quarante-six centimes. Je finirais chez ce commerçant en juillet 1980 avec la somme de mille deux cent quarante-deux francs et soixante-seize centimes. Quand même, reconnaissez qu'il faut en vouloir, non ? Mais d'ici cette bienheureuse date, je verrais ressurgir dans ma vie cette chère Madeleine Blatère, avec son cher mari accompagné de son frère, tel un toutou, mais alors là ! Je ne resterais pas sans voix et, coûte que coûte, il faudra accepter ma décision et me fiche la paix, car faisant globalement l'inventaire de l'année et demie qui venait de s'écouler, cela faisait quand même beaucoup. Un grand amour perdu, un voyage quasi raté pour cause d'agression sexuelle, un passage sur le billard, six mois pour m'en remettre vraiment, stop ! Malgré ma reprise de travail volontaire et salutaire pour mon mental, nous arrivions début juillet. Cette année pas de vacances, mais je voulais la paix, bon sang ! Que l'on me fiche la paix, pourquoi il leur est si facile de m'oublier aussi souvent, et pourquoi il est si difficile d'obtenir une paix auprès d'eux ?

Quand j'essayais de parler des sensations perçues au cours de la cystoscopie, entourée de tous ces mecs qui me faisaient horreur, combien le professeur J. était irrespectueux du genre humain, que je m'étais sentie comme agressée physiquement sans jamais employer les mots fatidiques, la mère me ricanait au nez en me disant : « Ma pauvre fille, tu sais pas d'quoi tu parles, cette opération, c'est du passé, t'en verras d'autres, tu vas pas nous emmerder avec ça ! » Comme toujours dans les moments critiques de la vie, le message était clair : « Ma fille, bats-toi, mais seule ! »

Bien. Mais en ce qui concerne ce fameux Alain Blatère, qu'il aille au diable et sa famille avec, ma réponse fut brève et sans appel et sans discrétion, puisque le voisinage était déjà sur le pied de guerre grâce à la langue ultra-extensible de la madone, donc de l'entrée de la maison au trottoir d'en face : « Il n'y a aucune viande à vendre ici et je ne suis pas à marier, merci ! Et bon vent ! »

C'est en écrivant ces feuillets que je me rends compte du pénible de la situation, et comment j'ai ravalé à l'époque pour finir par pousser une gueulante, eh oui, quelle tristesse ! Mais c'était toujours comme cela, rien ne pouvait se régler en douceur pour la simple raison : absence totale du respect d'autrui. Dieu, que c'est pénible, en l'écrivant j'en pleurerais, mais je ne vais tout de même pas me laisser aller maintenant. Cela ne me sert plus à rien. Samedi 25 octobre 2003, tout en essuyant la vaisselle, j'ai entrevu une émission animée par Évelyne Thomas, « C'est mon choix », spécial week-end. Il y avait, entre autres, le fils Depardieu que l'on sent encore très fragile et surtout révolté, à juste titre, puis d'autres qui, dans tous les cas, avaient un point commun, celui d'être passés près de la mort, et le dernier pour ce samedi était le chanteur Philipe Lavil qui a fini son propos par : « La douleur physique, je l'ai complètement oubliée, mais pas la douleur psychologique. » Si vous pouviez imaginer combien cette émission m'a fait du bien et surtout cette dernière phrase, car durant toutes ces années, je me suis dit : « Finalement, ce que j'ai subi avant, pendant, après, ce n'était rien que du vent, je me suis apitoyée sur mon sort. » Mais pas du tout. En écoutant ces hommes parler, je pouvais ressentir chacun de leurs malaises, j'étais enfin en totale harmonie avec ce qu'ils disaient, je me suis sentie complètement vidée, presque désemparée au point de ne pouvoir reprendre mon stylo que là, à la dix-huitième heure de la journée de ce dimanche 26 pour pouvoir arriver à m'exprimer par écrit. Je me suis rendu compte que ce n'était pas rien de n'être plus capable de tenir une petite cuillère dans sa main, que ce n'était pas rien de se trouver écartelée comme ça devant tout le monde. Que ce n'était pas rien de ne plus pouvoir respirer par ses propres moyens, que ce n'était pas rien de marcher en se pissant dessus parce que la vessie ne veut plus faire son boulot et que, dans ces cas-là, ce n'est pas rien d'avoir dix-sept ans. J'ai vraiment le cœur lourd. J'écris à toute vitesse de peur de perdre le fil conducteur qui me permet de remettre au goût du jour toutes ces épreuves pour tenter de les oublier à jamais ou tout simplement de consoler mon âme. Le sera-t-elle un jour ? Car je viens de prendre conscience qu'il ne s'agissait pas de la vie, mais de MA VIE. Oui, toute cette merde est à moi ! Comme cela me semble prétentieux, mais il me faut impérativement l'écrire pour apprendre à le dire, c'est ma vie, depuis la première décennie, c'est ma vie, ça me fait tout bizarre, car, jusqu'ici, j'ai nommé les décennies en les numérotant tout bêtement, mais pour la troisième il me faudra écrire, MA, car c'est de ma triste vie dont il s'agit et de celle de personne d'autre.

Enfin, débarrassée de cette famille Blatère ! La mienne d'adoption était bien assez pénible comme ça, je n'avais pas besoin de celles des autres, le rabais, ça va bien. Pour mes dix-huit ans, le père invite Robert et Yvonne ainsi que la clique d'Henriette et Octave, plus un camarade du CFA de Versailles, Philippe, venu avec un copain. Cet individu hors-normes faisait souvent le pitre en cours. À cette date, rien de changé et, pour me souhaiter mon anniversaire, il me cloque un gros baiser sur la bouche, doux Jésus ! Dès que ces deux acolytes ont disparu, les commentaires vont bon train. De plus, Claudine et Annie sont un curieux mélange de grenouilles de bénitier, vieilles filles acariâtres, un modèle modernisé de Javote et Anastasie, bref ! Des emmerdeuses comme il n'en existait déjà plus. Je vous ferai grâce des commentaires acidifiés, mais pas d'un détail qui vous semblera peut-être complètement fou. C'est qu'à peine rendues à Palaiseau, elles m'ont téléphoné pour être sûres que j'avais bien compris la leçon et surtout que j'allais obéir ! Et moi, tellement rasée, de répondre : « Je vous rassure, je vais même prendre le voile ! »

Un dernier coup de vinaigre avec le professeur J. Une nouvelle visite m'avait été donnée pour le 23 novembre 1977, cela faisait un an, déjà, et contre toute attente, cet individu, aussi pénible soit-il, peut aussi se montrer fort surprenant. Pour tous ceux qui auraient eu la chance de ne jamais avoir eu à faire aux grands hôpitaux, il vous faut savoir que lorsque vous avez un rendez-vous, c'est pour le principe, pour pouvoir prévoir un semblant d'emploi du temps, point. Mais il vous faut savoir aussi que les horaires ne sont jamais respectés, de plus, vous perdez presque votre identité au profit d'un numéro, ce qui peut se comprendre aisément. Donc, lorsque je fus appelée, c'était seule mais, comme à son habitude, la mère, non contente d'avoir toujours le bagou en avant, elle y va aussi de sa carcasse, mais… car il y a un « mais », elle fut gentiment repoussée par l'infirmière, moi, j'étais déjà enfermée dans la cabine pour me dévêtir. Je pénètre en petite tenue dans le cabinet médical et j'entends derrière la porte les haussements de voix, reconnaissant nettement celle de la mère. Et comme si cela ne suffisait pas ! Elle ouvre grand la porte. Les gens dans la salle d'attente avaient bien évidemment les yeux rivés sur cet énergumène qui déblatérait toutes sortes de reproches et, en plus, ils avaient maintenant le spectacle gratuit de la petite culotte et soutien-gorge. La secrétaire personnelle du professeur est intervenue et l'a fichue dehors, et, moi, j'étais là, seule avec ma honte. J. sourit, m'examina et me dit de revenir dans deux ans ou, en cas de grossesse s'il y avait un problème, mais j'étais en principe sortie d'affaire. Pendant que je me rhabillais, il invita la mère à entrer et là, je n'aurais pas changé ma place pour un empire : « Mais pour qui vous prenez-vous ? Vous n'avez aucun respect pour votre fille au point d'en oublier de respecter les autres, eh bien, vous ferez cela ailleurs si vous voulez mais pas ici, dans MON service. De plus, votre fille a dix-huit ans, elle n'a plus besoin de vous, surtout pour lui faire honte ! Et même l'année passée, seule votre personne comptait, eh bien, pour moi, elle, compte bien plus que vous. Vous, vous n'êtes rien et je vous interdis de reparaître devant moi si ce n'est pas utile ! Maintenant, dehors ! » Ce jour-là, j'ai récupéré la mère, rouge comme une pivoine et pleine de hargne pour son beau mec. Je ris. Enfin, quelqu'un qui la remettait à sa place, ce n'était pas un luxe, cependant, je n'en éprouvais ni joie, ni satisfaction, ni victoire, juste de la désolation.

Rentrées à la maison, que de jérémiades auprès du père, je profite de sa présence d'ailleurs pour tenter de parlementer avec elle, de lui faire comprendre qu'elle n'avait pas à ouvrir toute ma correspondance de la sorte, même le Trésor public y passait pour fournir ensuite un rapport détaillé à la famille, et merde ! La famille, surtout celle-là ! Pas moyen, j'ai royalement perdu mon temps, ma salive, elle estimait que c'était un dû, je n'avais rien à dire, et, pour finir, que si je n'étais pas contente, c'était pareil ; sinon je prenais la porte. À cette phrase, le ton est vite passé à l'octave supérieure : « Mais bien sûr ! Quand on sait que tu me prends cinq cents francs sur un salaire qui n'en atteint pas mille, j'ai des chances d'y parvenir dans ces conditions, sans compter qu'en plus, je donne deux cents francs pour l'EDF, dis-le tout de suite, devant le père, de te donner mon salaire complet ! Dis-le ! »

Le père fronce les sourcils, il n'aime pas :

— Depuis quand j'te demande des sous pour l'EDF ?

— Depuis le mois d'avril que j'ai repris le boulot ! Et ne t'en fais, pas même si je faisais le tapin, tu ne le saurais pas, tant que Madame récupère le fric ! Il n'y a pas cent façons de dire les choses.

— À partir du mois prochain, tu les gardes pour toi et un tiers du salaire est largement suffisant, j'ai dit ! En ce qui concerne le courrier, c'est moi qui le prendrais, personne d'autre. Je comprends mieux maintenant le pourquoi de certaines réflexions. Eh bien, la famille je m'assois dessus, compris ? Il n'y a plus de rapport à faire, les lettres, c'est moi qui les lui donnerai, je le dis aussi ; et j'espère que c'est la dernière fois !

Et tout ceci en foudroyant la mère du regard. Aujourd'hui encore, il n'y a rien de changé, je suis la fille quand ça arrange de la même façon qu'elle avait bien du mal à respecter ma majorité dont je ne faisais aucun cas étant donné que, pour le père, il l'avait dit aussi : « Pour moi, tu seras majeure à vingt et un ans, pas avant et, de toutes les façons, tu ne le seras jamais tant que tu seras chez *MOA* ! »

En résumé, j'étais une jeune qui ne savait que travailler, qui ne devait que travailler, qui devait payer en silence, je n'avais pas droit à mon passé, il m'était interdit d'envisager l'avenir et je n'avais pas droit à l'existence présente. Tout ceci déblatéré, il vous sera peut-être plus facile de comprendre pourquoi il m'est si difficile de dire « ma vie ». Du jour où le père fit cette mise au point, il me restait assez d'argent pour m'inscrire au permis de conduire, je n'avais que mille six cent neuf francs à mettre dans le commerce et pas un sou de plus. J'ai été reçue pour tout dès le premier coup, je conduis donc depuis le mois de février 1978 sans aucun accroc, ni accident, je touche du bois. J'ai maintenant, au bout de vingt-cinq ans chez le même assureur, une prime de 8 % pour bonne conduite, comme quoi, malgré les entraves, je vous rassure, ce permis ne fut pas fêté, pensez donc ! J'étais si nulle qu'il ne pouvait s'agir que d'un coup de chance, ce qui n'a empêché personne d'en profiter largement. Je vous détaille ma semaine : mardi, mercredi, jeudi, vendredi, samedi et dimanche matin, boulot, je faisais tous mes trajets à pied quatre fois par jour, car il était hors de question que j'achète un véhicule, sinon la pension augmentait. De plus, il n'y avait pas de place pour la rentrer et dehors, elle aurait été volée, tout était bon pour me parquer. Ensuite, il y avait la voiture du père que je pouvais conduire, donc pas besoin de deux machines dans une famille, mais je ne pouvais conduire ladite voiture qu'à la seule et unique condition : que j'emmène promener MADAME, et que j'aille où elle désirait aller.

En bref, soumets-toi et ferme-la. Le dimanche après-midi, je faisais mon linge ; le lundi, unique jour de repos le matin, tout le ménage et quand j'écris « tout », c'est tout, et l'après-midi, courses dans les grandes surfaces avec la mère, Reine et la mégère. À aucun moment, je n'avais le droit de manifester mon mécontentement, le moindre ras-le-bol ou pire encore, la moindre fatigue. Pendant ce temps, les autres, les pur-sang de mon âge et même plus vieux qui avaient des possibilités, se payaient ma tête, disaient ouvertement qu'elles pouvaient aller se faire foutre, qu'elles ne pouvaient pas compter sur elles ou eux, car ils ou elles avaient des copains, copines, mais moi, la bâtarde, si j'avais osé un « non », je crois qu'ils seraient parvenus à me faire jeter en prison.

Je vous narre un exemple cuisant, un lundi, alors que nous revenions de ces superbalades, il me fallait faire un détour par le Mont Soleil pour y déposer la mégère et comme toute vieille charogne qui se respecte, elle ne recevait pas d'ordre, alors un conseil, pensez donc ! La Ford avait deux portières vraiment très lourdes, il faut vous dire qu'à l'époque, les voitures n'étaient pas encore en résine et même ma Titine, qui n'a que dix-huit ans aujourd'hui, fait office de tank, imaginez il y a vingt-huit ans ! Je prie donc la grand-mère de patienter pour que je lui tienne la portière de l'extérieur, car sa chère fille, dite « la marquise », avec des principes bien à elle, du genre : « Je descends de la voiture et démerdez-vous. » Une portière, c'est dégueulasse. Et, plutôt que d'attendre, on force, on sait mieux que tout le monde. Et ce qui devait arriver, arriva, la portière s'est refermée au moment où elle passait sa jambe et sa tête à l'extérieur, le pincement ne fut que léger, mais n'en resta pas moins incommodant, surtout sur la tempe, sur laquelle elle eut un petit bleu. Curieusement, cette entêtée reconnut immédiatement son tort et, pour la première fois, s'excusa de ne pas m'avoir écoutée et attendue, mais la mère, de la fenêtre, n'ayant vu que le gros de la situation, la ramena dès notre retour à la maison, ce qui se termina en véritable drame avec le père. Il faut dire que voici l'explication maternelle: « Oui, tu t'rends compte, quand Mémère est rentrée, la pauvre vieille avait un bleu à la tête, sa jambe était coincée dans la portière, tout ça parce que Mademoiselle avec ses lunettes de soleil n'en finissait pas de descendre, la connasse! » Voyant qu'elle n'obtenait pas vraiment le résultat escompté et sachant jouer de la corde sensible comme personne, elle rajouta: « Elle va finir comme l'autre morue si ça continue. » Il n'en fallait pas plus pour que le coq entre en émoi.

« Putain, tu vas voir tes lunettes, j'vais t'les écraser sur la gueule! Sale morue, y a pas besoin d'ça pour conduire, une vraie salope! Comme l'autre putain, ça veut s'donner un genre! Tiens, prends ça pour t'remettre les idées en place, ordure! »

Je me suis pris un coup de pied dans le milieu de la cuisse qui me fit pousser un hurlement strident pour éviter de m'évanouir et, pour finir, je tombais à genoux, un deuxième suivait, mais malheureusement pour l'agresseur qui n'ajusta pas bien son tir, il dérapa sur ma fesse et s'explosa le gros orteil dans le mur. Ce soir-là, je suis montée dans la chambre sans manger avec une seule envie, me foutre par la fenêtre, je n'en pouvais plus, j'étais à bout, il me fallait partir ou fuir. Le lendemain, je retournais au boulot avec au beau milieu de la cuisse un bleu gros comme le fond d'une bouteille d'eau d'un litre et demi. Le soir, fière de ses stupidités, la mère m'annonce pompeusement que le père n'est pas content, car il s'est fait remonter les bretelles par la grand-mère, et là, c'est trop pour que je puisse garder mon calme: « La faute à qui? Avec ta façon de raconter tout et n'importe quoi, c'est toi la responsable! Tu ne sais rien, mais tu jactes, ah ça, tu sais faire! C'est la seule chose que tu saches faire bien. Que dis-je? Tu excelles! Dès notre retour hier, tu t'es empressée de baver dans les oreilles du père, aujourd'hui, tu viens de faire un compte rendu détaillé de ce qui s'est passé le soir, toute la famille est au courant du martyre que Domino vient d'encaisser. Et qui sort avec la tête haute ? La baveuse de service, avec ta langue, tu ne sais faire que le mal, jamais tu ne l'utilises pour faire bien, ça, tu ne sais pas ! » Et oubliant toute réserve, je continue dans ma lancée et m'attaque au père :

— Et toi, surtout ne présente pas d'excuses, c'est trop bas pour toi, toi la vedette, tu cognes, quelle chance ! J'ai survécu, mais le jour où je crève, ne me suivez pas derrière la boîte, laissez-moi partir tranquille ! Mais je vais peut-être me décider à partir avant cela quand même, rien que pour le plaisir de vous refuser votre séance cinéma !

— Tu ne quitteras pas la maison autrement qu'en blanc, avec un Français blanc qui aura fait son service militaire, catholique et qui a un boulot, c'est comme ça et pas autrement, j'ai dit !

Maintenant, j'en suis convaincue, il me faut partir au plus vite. Cependant, chaque jour que Dieu fera, je regarderai autour de moi cherchant désespérément le Blanc catholique avec pour essentiels bagages, du boulot et le service militaire.

Un soir, en sortant du magasin, je passe chez Monique, la charcutière, pour deux tranches de jambon commandées par la mère. Derrière le comptoir se tenait le frère de celle-ci, elle me le présente comme elle m'aurait présenté un morceau de son boudin : « Domino, je vous présente mon frère Patrick, il mesure 1,85 mètre, il est lieutenant au long cours dans la marine marchande. Il est beau comme un dieu, n'est-ce pas ? »

Je me fichais pas mal de ce qu'il pouvait représenter de l'extérieur et son regard ne présageait rien de bon à l'intérieur. En revanche, la devise du pandore sonnait fortement à mes oreilles ; j'ai donc accepté le rendez-vous donné pour le samedi soir suivant avec une camarade, vendeuse dans la boulangerie voisine. Quelques baisers échangés pouvaient faire chavirer, mais pour quelques raisons obscures, je restais sur ma réserve, merci la vierge qui est en moi ! En effet, en moins d'une semaine, je découvrais qu'il s'était envoyé la boulangère, la frangine qui allait avec et qu'une toute jeune femme de vingt et un ans, enceinte, l'attendait en Bretagne pour se marier quinze jours plus tard. Comme la goujaterie de cet individu était sans bornes, le dernier soir de son séjour essonnois, alors que je me suis empressée de prendre le large une fois au parfum, il veut me parler, surprise ! Je me suis dit que, peut-être, il désirait faire amende honorable avant de partir ? Je me souviens que mes reins me faisaient des misères et que c'était la première fois que le père me permettait de prendre la voiture pour aller bosser. J'accorde donc cette entrevue, bien calée au fond du siège conducteur. J'attendais qu'il me parle, mais grossière erreur de ma part ! Il ne voulait pas converser, mais me sauter, comme c'est élégant ! Pour finir, il se mit à déboutonner son froc et me dit : « Allez, fais-moi une pipe avant de partir puisque tu ne veux pas que je te saute. »

Le manque de romantisme ne suffisant pas, une odeur de moules avariées sortait de son slip, le haut-le-cœur fut immédiat et, dans le même temps, nombre de souvenirs refont surface, mais je n'ai plus sept ni seize ans et, dans ce domaine, plutôt crever que de me soumettre. Je serre les dents et enfin, je laisse aller ma colère : « Pourriture ! Tu vas pousser le bouchon encore loin ? Ta bassesse est sans limites. Que fais-tu de la jeune femme enceinte qui t'attend ? En plus, tu pues comme un porc, je vais te dire, ton plus gros défaut professionnel, tu prends toutes les villes pour des ports et les filles pour des péripatéticiennes. Sors de la voiture et dégage, que je ne te revoie jamais ! Tu n'es pas un dieu mais un marlou ! »

Oh ! C'est clair, je n'ai plus sept ni seize ans, mais je suis, j'en ai peur, toujours aussi naïve et surtout trop encline aux pensées honorables qui, semblerait-il, ne sont pas du goût de tout le monde. Même encore aujourd'hui, ma colère est grande envers le genre masculin. Ces écrits me font également penser à la fille de Marie-Thérèse, secrétaire de notre directrice régionale dans la grosse entreprise américaine de vente de produits à domicile dans laquelle j'occupais le poste de leader. Oui, je me souviens du visage tout défait de Marie-T., mais par délicatesse, je n'ai pas posé de question, j'ai attendu le lendemain, après une nuit blanche pleine d'interrogations.

Par-ci, par-là, je posais mes javelots jusqu'à ce qu'elle craque et qu'en larmes me conte la troisième tentative de suicide de sa fille adorée. Celle-ci venait de se rater de peu la nuit précédente, ce n'était pourtant qu'une adolescente de seize ans, mais broyée deux ans plus tôt, encore toute fraîche et innocente, presque encore une enfant ! Violée en plein jour par trois vermines de seize et dix-sept ans. La pauvre môme a hurlé tout ce que ses cordes vocales lui permettaient de vocalises, personne n'est venu à son secours. Lorsque son frère aîné, trois jours plus tard, découvre la vérité, non pas par sa sœur, mais par ces fumiers qui venaient la menacer jusque sous sa fenêtre en lui promettant une prochaine fois, la famille explosa ! Marie-Thérèse déposa une plainte en règle ; en représailles, ils leur ont pillé leur appartement, une autre fois, ce fut la voiture, alors là, Monsieur Papa n'a pas supporté et a plaqué toute sa famille plongée dans le plus profond désarroi, mais ça, c'était sans importance, rendez-vous compte ! L'appartement saccagé passe encore, la fille violée, ce n'est pas bien grave, mais la voiture ! Cette mère a dû affronter seule cette situation catastrophique, déménager en urgence, car leur vie était devenue un enfer et, parmi tous ces mecs, seul est resté le grand frère qui les a épaulées du mieux possible alors qu'il n'était lui-même qu'un tout jeune homme de vingt ans. Voilà ! Voilà les mecs dans toute leur splendeur, dans toute leur vulgarité, dans toute leur bestialité, dans toutes leurs capacités morales et physiques, bravo ! Mon Dieu, comme j'aimerais être surpuissante parfois pour leur casser la figure et surtout les castrer. Heureusement, me vient à l'esprit un visage, celui de François, doux et aimant sa femme, essayant de ne pas prononcer un mot plus haut que l'autre de peur de la contrarier, très complice avec son fils Romain, et toujours disponible pour sa fille Éloïse. Je revois aussi le visage d'Ange, comme il porte bien son prénom ! Amoureux fou de son harem constitué de sa femme adorée et de ses deux filles, Gaëlle et Delphine, pour lesquelles il arrête de vivre dès qu'elles ont un rhume. Pour elles, il se fait beau, ne fût-ce que pour emmener la grande manger dans les petits restaurants d'aujourd'hui. Me vient une troisième frimousse blonde, grand bonhomme, kiné de son état, qui a parfois les traits tirés, car il a emmené la veille au soir son fils aîné au cinéma voir le dernier film à la mode, et lorsqu'il s'en explique, de la malice et de la tolérance brillent dans ses yeux fatigués. Oui ! heureusement, qu'il y a aussi cette race d'homme-là ; et le fait de penser à eux apaise ma colère, estompe ma haine et m'ouvre les yeux, tout en restant méfiante, pour que je tente de voir plus haut, plus loin, c'est bien connu. « L'espoir fait vivre », et faute de mieux, je survis.

Un soir, avec ma boulangère de service, Violette, qui en fait se servait de moi pour appâter sa future conquête, elle n'avait pas encore compris qu'il y avait sur Terre autre chose que la beauté physique, de plus, j'étais très loin de la miss parfaite. Mais, pour elle, je représentais je ne sais pas quoi. C'était ainsi et elle m'utilisait, à savoir que son esprit ne volait jamais plus haut que le sexe. C'était une brave fille, point. Nous voici donc dans l'une de ces boîtes favorites dont j'avais horreur, étant très terre à terre et ayant quand même compris que je possédais plusieurs sens dont celui de l'ouïe auquel je tenais beaucoup. Or, lorsque nous sortions de ces endroits, mes oreilles bourdonnaient épouvantablement, pour tout dire, je n'étais pas dans mon élément préféré. Comme par hasard, il y avait toujours du monde qui nous sautait dessus dès notre arrivée, c'est qu'il était connu, mon phénomène ! Un garçon se mêle au groupe, fanfaron comme pas deux, il prétendait être issu d'une famille de notaires réputés, il était à l'entendre toute la famille à lui seul, un vantard ! Il parle fort, beaucoup et mine de rien, je m'approche de la bête restée à l'écart et pour finir sa parade, il me lance : « Oh ! Ma belle, un sourire de vous et je quitte ma mère ! »

Sans me démonter, je le regarde froidement et lui réponds : « Il aurait été plus sage de votre part, de rester chez elle ce soir. »

Je le vois s'éloigner, honteux, sous les lazzis de ses amis de la haute. Une autre fois, l'endroit étant un peu plus calme, il n'était que 22 heures, un larron vient s'asseoir d'office près de moi et, dans sa course folle, n'en finit plus de caresser la manche de mon pull angora, c'est doux, j'en conviens, c'est chaud également, mais rien n'interdit de garder son sang-froid ; aussi vite lassée, je lui dis : « Je ne voudrais pas vous affoler, mais c'est fragile, vous allez finir par le boulocher, alors, laissez vos mains dans vos poches, merci. »

J'avais le don d'attirer les flambeurs, les paons, les tombeurs de ces demoiselles qui, avec moi tombaient pour de bon et quittaient souvent les lieux, piteux sous les quolibets de leurs congénères qui, pour ne pas subir le même sort, se gardaient bien de m'approcher. Tout en me rendant compte que j'avais trouvé une bonne méthode pour me débarrasser des indésirables, je restais aussi fortement consciente que ce n'était pas comme cela que je me libérerais du joug parental (le mot n'est pas usurpé, je vous assure !). Chaque courrier reçu est disséqué, chaque appel téléphonique est d'abord pris en charge par la mère, si c'est pour moi, elle me passe le combiné tout en décrochant l'écouteur. À l'époque, toutes mes conversations sont écoutées avec attention pour pouvoir ensuite offrir moult détails à la famille. Je me rends compte de tout cela, mais reste comme emprisonnée dans mon impuissance. Chacun de mes gestes, de mes dires, de mes achats, fait avec mon fric durement gagné, est largement commenté et, par la même occasion, elle me fait remarquer que je pourrais lui donner davantage. Pour les dix-huit ans d'Ève et Coline, la famille avait prévu une grande fête à laquelle je n'étais pas conviée, cela va de soi. Même Ève me battait froid, car, depuis mon hospitalisation, j'avais refusé de faire un pas en avant vers Reine, cette brave ! Comment une bâtarde telle que moi se permettait-elle de tenir tête et de rester campée sur ses positions ? Face à elle, un pur-sang ! Cependant, pour moi, c'était hors de question, et ça, ça leur était insupportable. J'osais imposer un désir qui me semblait légitime, ne plus avoir de contact avec cette personne, et c'était pour moi capital. J'étais parfaitement consciente du danger tant physique que moral qu'elle représentait pour moi. Je parvenais donc à l'ignorer dans les magasins, à ne pas croiser son chemin dans la rue. Bref, c'était parfait !

Concrètement, vu que je ne voulais pas revenir sur ma décision et reconnaître mes torts, je n'étais pas conviée à cette Rumba. Pour moi, ce n'était pas un problème, je vous assure, mais, pour la mère, il était hors de question que je persiste dans cette voix belliqueuse, aussi, alors que je m'étais déjà prévu un dimanche après-midi tranquille, elle réussit par l'intermédiaire de Tata Jeanine à me faire inviter. Cela devenait un ordre, ce n'était plus une invitation, mais une obligation. Lorsque nous sommes arrivés sur les lieux prévus à cet effet, il était clair qu'il n'y avait pas de place pour moi, si ce n'est pour ladite tante qui s'excusait de m'avoir obligée à venir : « Mais tu comprends, c'est pour ta mère. »

Il était tout aussi limpide que dès son entrée, celle-ci s'empressa de me planter là comme si elle avait honte de moi ou tout simplement le principe du paraître : « Vous voyez, je l'ai amenée, elle va bien, donc ne me posez pas de questions. » Toujours est-il que je n'étais ni désirée ni attendue ; et je suis restée jusqu'à une heure du matin assise dans un coin. Dans ces moments-là, surtout ne pas perdre son temps en récriminations inutiles, mais garder son sang-froid, ouvrir grande son intelligence, voir et écouter, ce n'est pas triste. D'un côté, je voyais les jeunes de mon âge dans des états lamentables, certains étaient très alcoolisés, d'autres se perdaient dans la fumée de leurs joints ; de l'autre, c'étaient des embrassades à pleines bouches, ils étaient vautrés sur leurs chaises, sans aucune tenue, aucun respect vis-à-vis de leur entourage. Par moments, nous avions droit sans raison particulière à des hurlements. Bref, n'importe quoi ! Mais comment aurait-on pu les blâmer ? En comparaison de leurs aînés, ils étaient des anges ! Du côté de la famille Taquet, ça dansait à tout-va des valses qui auraient pu s'appeler « Je te montre ma culotte et mes bas », et des slows nommés « Pelote-moi le cul et saute-moi sur place ». Dans la famille de Coline, c'était un déploiement de luettes au vent par ouverture démesurée des maxillaires, et, par-dessus toute cette cacophonie, la voix de la mère en compétition avec la mégère et la grand-mère Taquet. Quel concours de stupidités !

— Ha, ha, ha ! Il la bitte rabat !

— Ouais, il a la pécolle, la peau du cul qui s'décolle !

— Il a la tige verte !

— Oh ! les cons !

J'en passe et des plus stupides encore, c'est une débauche de grossièretés, un sommet de bêtises, c'est une horreur ! Dans tout ce monde, si on peut encore le nommer ainsi, il y a Claudine et Annie, vieilles filles aux antipodes de leur monde familial en perdition. Pour la première fois, je profite de quelqu'un, et surtout de leur départ pour demander à leur père, Octave, de bien vouloir me déposer à la maison qui est sur son chemin de retour. Au passage, je préviens le père de mon intention, qu'il comprend très bien d'ailleurs. C'est ainsi que je suis libérée de cette orgie comportementale et verbale pour me retrouver au calme en compagnie des câlins de mon chien. Je dis toujours que les bêtes n'ont de bête que le nom, lorsque l'on vient d'assister à ce genre d'inepties, on en reste convaincu pour la vie. Mais ce ne sera pas la dernière fois qu'il me faudra faire face aux manigances maternelles. Quant à elle, lorsqu'on l'entend parler, cette fête reste mémorable, car elle s'y est amusée comme une folle !

Elle ne croit pas si bien dire.

Heureusement, il me reste le travail pendant lequel je respire ! Plein de poussière, mais ça ne fait rien, je respire quand même. La responsable du magasin, qui a tout de la grosse matrone, mais qui a un grand cœur, me surnomme « la Grande Duduche ». Au début, cela me faisait mal, puis, avec le temps, après tout, un nom de plus ou de moins… Mais, à ma grande surprise, lorsqu'elle a su que cela m'avait blessée, elle s'est excusée et m'a par la suite appelée par mon prénom. Ma préférée restait Huguette, d'origine pied-noir, ô sacrilège ! Mais que de tranches de rigolades avec ces deux femmes, nous avions le soleil toute l'année dans le magasin de chaussures grâce à l'accent d'Huguette. Ces crises de rire aux larmes étaient souvent dues au comportement de la clientèle d'ailleurs.

Puis début juin, notre Violette – encore elle ! – me fait faire la connaissance de Raymond, mon futur mari. Sans rien avoir demandé, tous les renseignements capitaux me tombaient dessus. Il était blanc, français, avait fini son service militaire l'année précédente, il bossait depuis neuf ans dans la même entreprise, donc stabilité. C'était plus qu'il n'en fallait, et voilà ! « Il court ma fille ? Alors, laisse-le te rattraper et ça va bien. »

Dès le mois d'août, nous partons en vacances, deux couples, lui et moi, Violette et Louis, son nouveau compagnon qui deviendra aussi son mari. Avant et par prudence, je cherche dans l'annuaire les coordonnées d'une gynécologue pour que celle-ci m'examine et me prescrive la pilule. Aussitôt, la mère s'en mêle et prend le rendez-vous à ma place chez sa gynéco. Elle rentre avec moi dans la salle d'attente et oh ! Surprise ! Une fois dans le cabinet médical, il ne s'agit pas de madame P. mais de sa remplaçante. Cette jeune femme est pleine de vie et, pauvre de moi, s'accroche avec la mère qui va bientôt se retrouver entre mes cuisses pour voir ce qui s'y passe. Le sang de cette personne ne fait qu'un tour et la madone s'est retrouvée assise en moins de temps qu'il n'en faut pour le dire. Et pour clore toutes protestations, elle tire le rideau sur nous, ouf ! Enfin tranquilles. Tout allait bien pour moi, sauf pour elle qui ne parvenait pas à décolérer :

— Votre attitude est scandaleuse, à bientôt dix-neuf ans, elle n'a plus besoin de vous pour ce genre d'examens, rendez-vous compte que je reçois des gamines de quinze et seize ans seules, leur mère leur accorde leur confiance. Je suis outrée !

— C'est elle qui a voulu que je l'accompagne, d'abord !

— C'est faux et vous le savez.

— De toute façon, je dois tout savoir et c'est tout, il n'y a rien à dire, c'est comme ça, c'est ma fille !

— Non, c'est votre objet et il va bientôt vous quitter, et tant mieux !

Sur cette affirmation, la mère la mit en veilleuse. Je réglai la consultation et voilà ! L'art et la manière de se faire remarquer, il y a sûrement mieux, mais c'est plus cher sans doute. Comme cette gynéco avait vu juste et ceci dès le premier regard, le premier mot, c'était ça, je n'étais qu'une chose qu'on oubliait volontiers ou que l'on utilisait selon les besoins. Il alla de soi qu'à peine sorties du cabinet médical une montée au Mont Soleil se révélait obligatoire avec rapport immédiat, mais sans moi qui suis rentrée tranquillement à la maison où j'ai retrouvé le père auquel j'ai raconté l'anecdote. Nous en avons bien ri tous les deux, mais avec du regret dans la voix de Pandore :

— Tu vois, c'est quand tu étais malade des poumons que j'aurais dû quitter la région, descendre dans le Midi comme le préconisaient les médecins, mais j'avais peur de ne pas retrouver de boulot.

— Quelle idiotie ! Tu as toujours beaucoup travaillé, tu en aurais trouvé partout, surtout dans le Midi, c'est trop tard pour les regrets maintenant, il faut aller de l'avant et à la grâce de Dieu !

Nous voici rendus à la Bernerie en Loire-Atlantique, lieu charmant, sans snobisme ni prétention. C'est beau, nous faisons de grandes balades le long de la mer et sur ces fameuses plages, il nous arrivait de faire facilement dix kilomètres pour aller manger des fruits de mer dans l'un des petits restaurants longeant la côte. Je dois bien reconnaître que c'était la seule opportunité que j'appréciais au cours de vacances comme celles-ci. Non, vraiment, la mer ne me fascine pas. Dans l'ensemble, tout se passait bien, sauf les rapports intimes avec lui. Il va de soi qu'avec mon lourd passé dans ce domaine, un certain doigté – sans jeu de mots, merci – s'imposait. Or là, CATASTROPHE ! Après un, voire deux baisers, il éjaculait sur moi, j'en avais partout, après quoi, il n'y avait plus rien et pourtant, comme il était fier de lui ! Je restais seule avec mon dégoût, puis suite à une masturbation appliquée, on efface tout et on recommence, au bout de la quatrième nuit et de la troisième tentative, je pris à deux mains l'objet de sa fierté masculine et lui montrais le chemin du trou poilu. À situation vulgaire, vocabulaire vulgaire. Je crois que je n'ai jamais été aussi mal à l'aise qu'à ce moment-là et aujourd'hui, je crois bien que c'est pire, j'ai honte d'écrire tout cela, mais c'est tellement aberrant et si triste d'en parler qu'il vaut mieux le vomir sur la feuille. Il n'y avait qu'un pécore dans ce domaine en France, et il a fallu que ça tombe sur moi, c'est dire à quel point je suis maudite ! Surtout, sachez-le ! Ne donnez pas le prénom de Raymond, la mère, la sienne, son beau-frère, j'en soupe à toutes les sauces de ces prénoms et pas un pour relever l'autre, c'est un prénom imbu de lui-même, des nerfs à toute épreuve malgré ce qu'il essaie de faire croire, un prétentieux hors-normes et le créateur de l'ÉGOÏSME : ma gueule d'abord, les autres, s'il en reste. Quant aux Dominique, c'est la poisse par excellence, j'en ai connu quatre, un orphelin à dix ans, une poliomyélite, une autre de parents divorcés, une troisième de la DDASS et on passe sous silence la quatrième qui se bat encore comme un diable à quarante-quatre ans pour tenter de s'en sortir. Non, je vous assure, ce sont deux prénoms à bannir du calendrier. Durant ces vacances, je découvrais la vedette, mais, pleine d'espoir, je continuais mon chemin avec lui. De découvertes en découvertes, j'en arrivais à sa famille qui n'était pas des plus joyeuses. À chaque instant, je pensais apprendre un décès, il n'en était rien, c'était seulement que le rire était interdit, seuls les fous se livraient à de telles bévues. Décidément, la guigne me poursuivait. Il avait quatre sœurs, une sortait du lot, l'aînée, et pour cause ! Pour fuir la maison, elle avait opté pour la solution radicale, un bébé, et enceinte de quatre mois, elle fut mariée à dix-huit ans à son Italien de service. Raymond, seul fils de parents riches, tout lui souriait et, du fait, il entraînait Ginette dans son sillage. Ensemble, ils avaient deux filles, la première était ma cadette de quatre ans seulement ! Pleine de vie, heureuse d'être sur Terre et d'y voir clair et c'est par elle que je reçois pêle-mêle des bribes d'informations : « Eh bien, voilà ! Tu as ta fille unique avec sa maison ! Et te connaissant comme je te connais, ça m'épate, car elle est drôlement bien ! »

Je ne relevai absolument pas la remarque pour deux raisons d'abord, je ne suis pas habituée, ensuite, je me classe plutôt dans le quelconque, le tout-venant. Rien d'autre de plus dans sa famille, je n'étais guère plus qu'une fille légère, pensez ! J'osais me promener dans la rue avec des maillots à petites bretelles, et ces décolletés trop voyants ne présageaient rien de bon. Ensuite, je pris grand soin de mettre immédiatement le larron au diapason et devant témoins, car, avec le temps, j'avais pu me rendre compte qu'il était prétentieux, avare et bien sûr égoïste, mais fier de sa personne alors qu'il était bête comme ses pieds. Je ne choisissais vraiment pas une perle pour partir, quitter la maison en blanc, mais tant pis, à la grâce de Dieu ! En conséquence, j'expliquais posément ma situation familiale et lui dis même : « Tu peux tout arrêter si tu veux, ce n'est pas grave, mais, au moins, je ne te prends pas en traître, je n'ai rien à moi, je ne suis rien ! »

Restant tout con d'avoir été mis à nu devant tout le monde, il me répond une phrase pleine de romantisme : « Oh ben, non, ça fait rien. »

Et son père qui n'était qu'un ramassis d'alcoolisme, de brute épaisse et de bouffon stupide et grossier de rajouter : « C'est une race de femelles à emmerdes, débarrasse-toi de ça, fais pas chier. »

D'un côté, une belle-famille m'attendait au premier virage pour me traîner dans la boue et de l'autre, une future belle-famille dont je savais ne rien recevoir. Quelle réjouissance ! Je ne prenais donc en considération que le « Oh ben, non, ça fait rien », pour continuer à avancer et à planifier les choses, les actes, les décisions comme s'il s'agissait d'un boulot.

À la maison, l'atmosphère était à l'orage, la mère ne m'a jamais autant injuriée que durant cette période et, pourtant, elle ne s'en était jamais privée. Il m'arrivait de rentrer le midi pour manger et rien n'était prêt. Philosophie : « Puisque tu veux te marier, eh bien, bosse un peu pour voir », ça me montrera ce que c'est que le mariage. Il est vrai que jusqu'ici, je n'avais jamais rien fait et je n'étais qu'une *nobice* (novice). Je repartais donc au boulot le ventre vide en les voyant se mettre les pieds sous la table pour déguster ce que j'avais cuisiné. Je vous assure qu'en une heure on a le temps de faire un hachis Parmentier ! Au bout de trois semaines de ce régime, mes nerfs finissaient par craquer et un jour pas comme les autres j'arrivai au boulot en pleurs ; c'est idiot sans doute, mais je craquais, je savais que je ne connaîtrais jamais le bonheur avec ce mec, mais, en même temps, il me fallait fuir au plus vite avant de devenir complètement folle, irrécupérable. En fait, personne ne peut comprendre cela, c'est le cercle vicieux et la façon de l'éventrer reste diffuse. C'est bien connu, aucune science n'est infuse et la mienne moins qu'une autre, on me guette de toutes parts, on attend de moi un gros scandale, un épouvantable fiasco qui pourra faire des gorges chaudes pendant longtemps, mais je ne donnerai à personne cette joie, je m'accrocherai à mes espoirs, je garderai ma soif de bonheur ; je ne baisserai pas les bras, jamais ! Mon Huguette qui se doutait vaguement de quelques mauvais traitements avait ce jour-là, à tout hasard, comme elle le disait si bien, apporté une grosse part de quiche lorraine et comme nous étions toutes trois arrivées avant l'heure d'ouverture, nous entrâmes nous installer au chaud dans le fond du magasin. Toutes deux m'aidèrent à me débarrasser de ma grosse peine du moment. Madame Larbot avait soixante ans, Huguette cinquante-deux ans. Elles avaient derrière elles une vie plus ou moins rude, elles avaient vécu, comme l'on dit. Elles savaient, mais, malgré cela, elles n'en restaient pas moins choquées de l'attitude des parents. Pour me rassurer, Huguette avança que sa mère aussi lui prenait la moitié de son salaire : « En revanche, lorsque je me suis mariée, j'avais un trousseau monumental de linge de qualité. De plus, j'avais une ménagère en argent et tous les meubles de ma cuisine ; en fait, elle avait utilisé tout cet argent pour cela pensant à juste titre que je ne mettrais jamais assez de sous de côté pour ça. Tu vois, la tienne fait peut-être pareil », me dit-elle.

Mais je n'étais pas dupe, plutôt réaliste, car les meubles de cuisine, c'est moi qui venais de me les acheter, sans aucune participation du futur qui survolait l'événement, lui se mariait, et comme une jeune mariée, il pataugeait dans son petit nuage bleu, blanc, rose et moi, je payais tout et il trouvait cela tout à fait normal, après tout, son cerveau étroit en était encore à la fille unique qui, de ce fait, pouvait payer. Dans tout ceci, la seule chose qui me reste en travers de la gorge, c'est mon obstination à ne pas avoir écouté le père qui voulait un contrat de mariage. Ça, je le regrette, car, dans la maison, tous les meubles sont quasiment à moi. En effet, dès le mois de mai 1979, les meubles s'entassaient dans le garage paternel, la gazinière, le réfrigérateur, la machine à laver le linge, les meubles de cuisine tout neufs, et ceux de salle à manger achetés à une ancienne voisine de Reine, qui se débarrassait. Six cents francs, une misère ! Mais de mes derniers salaires, il ne me restait pas un sou, une fois la mère servie. Le pandore commençait à geindre lui aussi lorsqu'il s'est rendu compte que la machine ne voulait plus s'arrêter ; par contre, lui, je l'ai stoppé net, avec sa devise et le respect total que j'avais eu de son catalogue obligatoire : « Maintenant, c'est celui-là et pas un autre ! »

Quelle monumentale bêtise ! Quel stupide entêtement de ma part ! J'aurais peut-être dû saisir la balle au bond, mais bon, je n'en pouvais plus, je ne pouvais plus respirer, plus penser en paix, il me fallait faire vite. On se fiance le 2 septembre en même temps que mes vingt ans et on se marie le 1er décembre. Durant ce laps de temps, la mère par six fois me redira la même rengaine : « Y a pas d'sous alors, t'as intérêt à m'habiller sinon j'vais pas au mariage. De toute façon, comme suis pas ta mère, c'est pas grave, hein ? T'as compris, faut qu'tu m'habilles, y s'rait temps de penser à *MOA* ! »

Sur ce, j'avais choisi une grande chaîne parisienne de magasins spécialisés dans la confection des robes de mariées. Comble d'ironie, c'est moi qui payais, mais c'est elle qui choisissait. La vendeuse persuadée du contraire laissait faire et donnait même d'autres idées encore plus coûteuses jusqu'au moment où je mis les pieds dans le plat pour freiner les désirs grand luxe de la mère.

— Mais, Mademoiselle, qu'est-ce que cela peut vous faire que votre mère choisisse sa tenue et ses chaussures ? De plus, toutes les mères donnent leurs avis pour la robe de mariée de leur fille. C'est votre mère, elle ne veut pas vous faire honte. Vous comprenez ?

— Je suis au regret de vous dire que c'est déjà fait et, de plus, pour les autres, c'est de leurs finances dont il s'agit, or, là, c'est moi qui paye, d'accord ?

J'ai sorti cela en vrac, sans même réfléchir, j'étais à bout. Je revois le visage figé de la vendeuse, son regard hagard. Sa patronne était complètement ahurie d'entendre ça sans colère, juste empreint de certitude, et, de plus, appuyé par la madone d'un : « T'as intérêt, sinon y a pas d'noces et puis, elle a du fric sur son livret, faut qu'ça serve ! »

Ces deux femmes ont échangé un regard affolé. Je pense qu'elles sont habituées à vivre dans le rêve et d'un seul coup, elles sont tombées par terre. Lorsque j'y suis retournée, toujours harnachée de la mère, on ne sait jamais, elles auraient pu me dire, ou me faire quelque chose qu'elle n'aurait pu ni voir ni entendre, rendez-vous compte ? Le drame ! Il n'empêche qu'en catimini, ces dames, qui apparemment en avaient été ébranlées, glissèrent dans la boîte de ma robe une superbe paire de gants de satin brodé de perles rose pâle. Dès que tout fut fini, je leur faisais parvenir une photo avec mes remerciements. En fait, la mère n'avait jamais digéré que je misse un peu d'argent de côté et je ne regrette rien, car si je ne l'avais pas fait, elle aurait eu sous la main l'excuse idéale pour que je ne puisse pas me marier et un prétexte parfait pour m'emprisonner à la maison à ses côtés. De ces trois mille huit cent quatre-vingt-dix francs avec les intérêts, il ne me restera rien, car je n'étais pas au bout de mes peines. En effet, les beaux-parents n'ont donné au père que deux mille sept cents francs, estimant que c'était largement suffisant ! En plus, ils venaient de marier leur dernière fille début mai et avaient décrété que je devais me marier à la sauvette, pour reprendre le terme exact du beau-père :

— Y a pas besoin de tous ces tralalas ! Pour qui tu t'prends ? Y a qu'à faire ça entre deux témoins.

— Vous estimiez normal de marier Murielle en grandes pompes, de payer cent cinquante faire-part pour dix utilisés pour votre famille. Eh bien, dites-vous qu'il en va de même pour mon père, je suis la seule fille de la maison et Pandore exige que je quitte les lieux en blanc, ce qui se fera.

Encore un qui avait décidé que je devais ramper et faute d'avoir accepté, il ne me le pardonnera jamais. Bref ! Il m'a fallu habiller la mère puis payer le champagne, la pièce montée, et toutes les photos pour offrir à chacun : « C'est comme ça que ça se fait, et c'est comme ça que tu feras ! »

Incroyable ! Aujourd'hui, je me demande comment on peut avoir la prétention d'exiger pour obtenir de quelqu'un des actes ou des choses que l'on est incapable de fournir soi-même. J'ai du mal à me résigner et grogne : « Tout le monde s'en fiche ! La photo va finir sa course dans un placard et, au pire, dans le feu. »

Elles m'ont coûté à elles seules mille cinq cent treize francs, à l'époque, il y aura vingt-quatre ans le 1er décembre 2003. Raymond trouve tout cela normal du moment qu'on ne touche pas à ses sous, lui se marie. En théorie, pas tout seul, mais c'est normal que ce soit les autres qui payent, restant intimement convaincu du principe de la fille unique. Je vais cependant l'aider à déchanter, car, pour la pièce montée, je me suis dit qu'il était temps que ça change et j'ai attendu trois jours après notre mariage pour la régler. Et là, scandale ! Il était hors de question qu'il participe à ce genre de conneries et c'est la boulangère qui lui a répondu sévèrement : « Vous en avez mangé de cette connerie, mon vieux, vous êtes marié, c'est fini la vie de célibataire avare et personnelle, c'est pas Bobonne qui trime toute seule et qui paye pendant que vous, vous remplissez votre bas de laine. Vous n'avez aucune fierté et si vous en avez, elle est mal placée. Mais dans tous les cas, maintenant, vous payez. » Après l'avoir insultée, il sortit la moitié de la somme de son portefeuille.

Je vais prendre un peu de repos et aller dans le garage vernir l'armoire que je prépare pour mes fils. Je suis épuisée, j'ai végété plus de trois semaines sans pouvoir remettre les mains sur ces écrits, j'avais du mal à partir en Yougoslavie, mais une fois embarquée, je vais avoir fini cette, pardon, ma deuxième décennie en moins de huit jours et là, en quarante-huit heures. C'est un vrai flot qui emporte tout sur son passage ; et je débite, et ça sort au point d'en passer des nuits blanches avant-hier, hier et aujourd'hui encore, mais moi, je veux en finir. En ce qui concernait les invitations, je n'avais pas droit à la parole, on décidait à ma place, ils conviaient ceux qu'ils avaient envie de voir ce jour-là. Pourtant, je me suis obstinée pour deux personnes. Et je me suis ramassé deux gamelles. La première était l'oncle Enrique et sa femme, je désirais qu'il soit mon témoin et je voulais Tata à mes côtés. Je me suis déplacée pour leur présenter mon futur mari et les ai invités. La première réponse fut affirmative, ils seraient là, mais à deux mois de la cérémonie, la tante m'appelle pour me dire que finalement ils ne viendraient pas et lorsque j'ai voulu défendre mon morceau, elle s'est fâchée et m'a répondu : « Tu as bien assez d'oncles comme ça, avec ta mère ! À part tes lettres, nous n'avons jamais été chez vous, alors tu te passeras de nous ! »

Que s'était-il passé ? Je ne saurais le dire, mais il est clair que je payais encore pour les autres, en l'occurrence, les parents, car c'est vrai ! La mère avait soigneusement, année après année, creusé un gouffre entre nous et la famille du père, pour ne voir régner en maître que SA famille, pas de place pour la MIENNE. Oh ! Bien sûr, elle était tordue à souhait, mais pas toute et, de toute façon, elle valait bien la sienne. Maintenant, j'étais là comme une cloche devant le téléphone, encore assommée de quitter quelqu'un que j'aimais beaucoup, mais qui se sentait bafoué, oublié et qui ne voulait plus de moi. La seconde, c'est Tata Mélodie, mais en ce qui la concerne, je n'ai même pas eu le temps de l'inviter, la réponse de la mère fut : « Eux, ils ont jamais d'sous, c'est pas la peine, il faut les nourrir et, en plus, aller les chercher. »

En fait, ce n'est pas moi qui se mariais, ce sont tous ceux qui sont autour de moi, j'étais juste là pour payer. À l'instant où je l'écris, je ressens le même vide, la même impuissance, mon Dieu ! Pourquoi une telle stupidité dont vingt-quatre ans plus tard je traîne encore l'erreur comme un boulet ! Pardon si je me cherche des excuses, mais il y avait trop de souffrances à ne plus savoir où donner de la tête, il y en a encore beaucoup trop aujourd'hui, je me vide de minute en minute sans parvenir à faire le point, c'est dire l'importance que je porte aux témoignages de ceux qui lisent ça. Bref ! Ce fichu jour arrive enfin, depuis plus de trois mois, rien ne m'était épargné, il en sera de même pour le jour J. Quatre heures de coiffeur le matin, parce que Madame avait décidé que je devais être coiffée comme ceci et comme cela, mais pas autrement, et quand on a la bonne idée d'avoir les cheveux à mi-cuisses, je ne vous dis pas ! Retour à pied à la maison, il est 13 heures : « Y a pas le temps de manger, t'avais qu'à rentrer plus tôt ! » me crie la mère du fond de sa chambre. Elle s'habillait et puis il fallait que je maquille Madame, que je retire la carte des fleurs reçues à domicile, pour dire « Merci », vous savez, la demeurée totale ! « T'entends, connasse, t'as intérêt à dire « Merci », t'as vu toutes ces fleurs ! Sors mes chaussures et brosse-les puisque t'as pas voulu m'en acheter des neuves. »

C'est vrai que c'était surprenant cet amas de fleurs dans la verrière, il aurait fallu être complètement myope pour ne pas les voir, c'était purement et simplement magnifique. J'entendais les voitures qui commençaient par arriver et moi, j'étais en tablier, les mains poussiéreuses, et lassée de tout ce cinéma où chacun s'était acharné à me dépecer égoïstement, et maintenant qu'ils sont tous là, ils n'avaient qu'à partir sans moi, j'avais envie d'hurler à mort, mais j'étais déjà morte et je fus surprise lorsque le père vint vers moi et me dit : « Allez, Fifille, faut t'habiller maintenant, ce n'est pas le moment du ménage. » Je me retourne, le regarde, c'est vrai, lui était en costume. Et dans mon dos, la mère lui dit :

— Et pire, elle va pas mourir !

— Bon maintenant, ça suffit, je ne veux plus rien entendre.

Alors qu'en écrivant cela, je craque et me mets à pleurer comme une bécasse, me rendant compte, après toutes ces années, combien tous les autres mariages avaient été préparés avec soin, et que le mien avait été cruellement mené et ce, jusqu'au bout. À l'époque, rien, pas une larme, pas un mot, j'ai été metteur en scène, réalisateur, actrice et observatrice, ainsi que serveuse, dépanneuse et objet de Paris. C'est tambour battant et au pas de charge que le père m'accompagna jusqu'au cœur de l'église. Une église vide et triste à pleurer sans fleurs ni musique, et c'est moi, la soi-disant mariée, qui ai attendu que ces messieurs-dames veuillent bien me rejoindre. Raymond écoutait toutes les conneries que ses copains de boulot lui disaient, par exemple l'un d'eux, d'origine yougoslave, lui avait spécifié que lorsqu'il me passerait l'alliance, il faudrait bien me l'enfoncer jusqu'à ce que ça me fasse mal pour bien me faire savoir que j'étais à lui et à personne d'autre. Il a réussi à me faire claquer la peau entre le majeur et l'annulaire. Je ravalais ma peine. Un autre d'entre eux lui avait dit que pour la première nuit de noces, il fallait aller à l'hôtel pour s'envoyer en l'air, c'était le mieux ; et il l'a fait. C'était du reste un véritable gourbi plein de toiles d'araignées partout et, pour la première fois, la seule et unique fois, je me sentais être devenue une véritable putain, et de bas étage encore. Mais il était content, l'imbécile ! Il avait tiré son tout petit coup pour se faire plaisir, à lui, car une fois n'est pas coutume, j'avais épousé un MOI : moi seul compte, moi seul existe, le plaisir, c'est pour moi tout seul. Lorsque tous les invités, soixante-dix à peu près, furent devant la maison, venus me chercher, c'est lui qui arriva en dernier et quand, par malheur, certaines personnes, même de sa famille, se sont laissées aller à dire que j'étais belle, expression de politesse qui me laissait complètement indifférente, lui s'est écrié : « Et moi alors, moi aussi je suis beau ! »

J'allais dire, j'ai dit « oui » à un abruti demeuré, ce que j'avais ignoré jusque-là car, soigneusement dissimulé, vicieux et méchant, créateur tout-puissant de l'ÉGOÏSME. Remise de ma surprise passagère, je me suis dit que tant pis, il me fallait fuir et comme je n'avais personne à qui me confier, personne à qui demander conseil, je n'étais entourée que de Judas, alors ! À la grâce de Dieu. Une fois ce simulacre de cérémonie terminé, une fois photographiés, nous avons rejoint tous les invités dans la salle communale de Lisses que nous avions déjà louée pour ma profession de foi. Obligation qui ne tolère aucun retard ! Déballer tous les présents sur-le-champ pour satisfaire le moi de chacun. Aucun prix ne m'a été épargné. Tant et si bien, qu'arrivée à la ménagère en inox d'Octavia qui avait coûté à l'époque cinq cents francs, j'ai demandé si je devais sortir mon carnet de chèques pour rembourser chacun. Sous l'effet de la surprise de ma saute d'humeur, Octavia s'imposa : « Mais vous êtes infects !

Elle a raison. Pourquoi ne pas avoir demandé une facture pour vous faire rembourser ? »

Les invités se dispersèrent et nous avons fini notre tâche sans me faire arracher la robe. Un ancien camarade du père, un commerçant qui m'avait connue petite et n'étant invité qu'au vin d'honneur, me pria donc de lui accorder une valse avant de partir. Une mariée, si quelconque soit-elle, par politesse, se doit d'accepter. Je m'appliquais à satisfaire ce simple plaisir quand, au loin, j'entends le beau-père dire fortement : « Eh ben, ça commence bien, elle a la cuisse légère, bon Dieu d'bon Dieu. Il faut me mater ça ! »

Cette phrase était d'une violence inouïe. Une colère non retenue le fit se lever et prendre notre direction avec le poing bien fermé pour venir me donner la correction que je méritais. Heureusement, réalisant ce qui allait se passer, sa fille aînée le rappela à temps, évitant ainsi le pire. Mais sa vengeance n'était pas assouvie et il exhorta son fils à mettre les poings sur la gueule, les barres dans les roues et les pieds au cul dès le lendemain. Il fallait dresser ça, et pour ce faire, alors que nous n'avions reçu aucun présent de leur part, cet oubli fut réparé sur l'heure. En guise de cadeau, Raymond reçut de son père son ceinturon pour exécuter ledit dressage. Et j'ai vu ce minable l'accepter. Peu banal, n'est-ce pas ? Bien qu'il n'eût rien vu, François n'était pas sourd, il ne me dit rien, mais quand la danse se termina, il m'embrassa sur les deux joues comme jadis enfant, puis il s'éloigna de moi en direction de la voix haineuse qui n'en mena plus large après. Je servais les apéritifs, les petits gâteaux salés, sucrés et le marié avait le culot de se servir aussi sans même se dire que nous aurions pu le faire à deux. Les beaux-parents ne payaient pas ou si peu, mais cela ne faisait rien, ils exigeaient un plat chaud, donc un repas. Avec Pandore, nous avons fait de notre mieux en faisant mi-froid, mi-chaud, et au moment de pouvoir enfin manger, je devais impérativement aller chercher des lits de camp pour Jean et son fils Michel, ça ne pouvait pas attendre alors que la soirée ne faisait que commencer. Avant de partir, Raymond s'empresse de demander à sa famille de lui garder une place à table, mais pas pour moi. Franchement, était-ce bien utile ? Je n'étais pas de sa famille et ne le serai jamais, alors !

Quand nous sommes revenus, tout le monde était installé, s'empiffrait copieusement de mets qui semblaient à leur goût. Le marié prend place parmi sa famille, me laissant dans le milieu de la pièce et me regardant l'air de dire : « Bien fait pour ta gueule », et comme toujours, pas de place pour moi, j'y suis habituée, il me suffit de sortir d'une pièce ou d'un endroit pour que je sois oubliée sur-le-champ. Mais un jour, on finit tellement par souffrir de cette attitude que lorsque l'on aime quelqu'un ou que l'on apprécie sa présence, tout simplement, on devient pénible en se rappelant sans cesse au bon souvenir de ces gens-là. Pardon à vous. Je suis partie dans la cuisine rejoindre mon chien, j'ai ouvert le réfrigérateur pour en tirer quelques restes d'entrée et je les ai dégustés là, toute seule avec mon ami de longue date, Totore, mon chien. Le plus drôle, c'est que j'aurais même pu retourner dans notre appartement de jeunes mariés, personne ne s'en serait inquiété, personne ne me voyait à table, personne ne me voyait dans la salle, et pour ne pas voir une mariée en crinoline avec traîne et encore voilée, quelle volonté ! De peur de voir sauter leur place à table, personne n'a posé de question. Non, ils m'avaient simplement déjà oubliée et face à cela, je n'ai pas réagi si ce n'est que j'avais le besoin primitif de manger. Pensez, depuis 6 heures le matin ! Je me souviens avoir eu la gorge nouée, ma tête était partie ailleurs, lorsqu'un bruit plus fort et la reprise de la musique m'aidèrent à sortir de ma torpeur. Le père déposa un plat vide dans l'évier et s'aperçut enfin de ma présence, bêtement il me demanda :

— Comment as-tu trouvé le jambon chaud à la sauce américaine ?

— Je ne sais pas, je n'en ai pas mangé, en fait, il n'y avait plus rien pour moi, pas même une place à table.

Il m'a regardée bouche bée et est reparti comme il était venu. Après, plus rien, si ce ne sont les simagrées soi-disant traditionnelles, OBLIGATOIRES – pour moi, ça l'est toujours de toute façon – auxquelles j'ai dû me plier. J'ai gardé le sourire jusqu'au bout, je n'ai rien dit. Après tout, j'avais si bien suivi le catalogue de Pandore pour finir par : « Bon, ce sera celui-là et pas un autre. »

Eh bien, je le payais cher, très cher, bien au-delà de ce que vous pourriez imaginer, c'était ainsi, les jeux étaient faits et rien n'irait plus pour moi pour très longtemps. Juste une dernière anecdote, mais qui vaut son pesant d'or ! Au moment de la pièce montée, j'ai vu cette ordure d'André donner un billet de deux cents francs à Jean, le mari de Reine. Ce geste me replongeait quatre ans en arrière lorsque Louis, perdant, avait donné ses sous à Christian, mais là ? De quel pari s'agissait-il ? J'apprendrais vingt ans plus tard que le plus généreux avait parié un an d'existence à mon mariage et le plus pessimiste, que je n'irais pas à la mairie signer. Dans les pires situations, on doit toujours tenter de ressortir avec au moins un petit quelque chose de bon, transformer l'échec en victoire, et elle est pour moi ! Ils ont tous perdu. Mais il était important que cette anecdote ne fût pas omise de ce récit, car, par elle, je pense qu'il vous sera plus facile de comprendre l'étroite surveillance dont je faisais l'objet et l'attention malsaine dont j'étais perpétuellement entourée. Restant certaine que ce genre de mariage reste peu banal, je pense que vous comprendrez mon chagrin actuel, et mon chagrin du moment. Pour toute jeune fille, le jour de leur mariage doit être et reste le plus beau, pour moi, il fut, il est et restera le plus noir de ces vingt premières années de MA vie. Bon sang ! Enfin s'achève cette fichue décennie, il me fallait en finir avec elle avant de m'attaquer à la troisième qui me hante. Vu comment je sors de la deuxième, dans quel état vais-je me retrouver après le n° 3 ?

Merci à tous ceux qui mont aimablement répondu pour la première, qui ont sacrifié de leur temps si précieux pour me satisfaire, moi ! Pour m'aider tout simplement, merci à vous. Tout comme « bébé » ou « amour » ou « merci », ce sont des mots tellement galvaudés qu'ils ne veulent plus dire grand-chose et perdent de leur puissance. Pourtant ! Rien n'est plus merveilleux qu'un bébé, rien n'est plus beau qu'un amour partagé et rien n'est plus marquant de reconnaissance qu'un MERCI !

Pardon à vous de vous faire parvenir la seconde, mais je crois bien que mon âme est encore plus pesante qu'après la première.

MERCI pour tous les conseils prodigués, merci pour les élans de vos cœurs et j'espère obtenir enfin, après cette lecture, une réponse des docteurs Swid et Markitos, que j'ai dérangés sans doute, peut-être plus que les autres, bien qu'ils soient blasés. Ou est-ce l'ordre des médecins qui leur interdit ? Quant à vous, Maître Anny, je pense et repense souvent à votre réponse : « Aimez-vous ! » Franchement, lorsque vous aurez lu ce récit, croyez-vous que je puisse m'aimer ? Là, ce mot semble presque déplacé, non ?

Dans tous les cas, merci et à bientôt pour la troisième, mais là, j'ai besoin d'un peu de temps, je le sais, je le sens, j'angoisse. Ah ! Mon bout de raisin, vous n'avez pas fini de me remonter le moral.

Je vous embrasse tous.

Marie
Expert-comptable 41 ans
Le 25 mars 2004

Dominique,

Avec un peu de retard, je viens te donner mon opinion sur la Deuxième Décennie. Je suis sincèrement triste pour tous les malheurs que tu as pu supporter depuis toujours (en tout cas jusqu'à ce jour). J'aimerais tant te donner un peu de mon bonheur, mais les garçons sont près de toi et je suis convaincue que tu as des moments très forts avec eux.

Je t'embrasse.

Gros bisous aux garçons.

NOM : Gland Fabienne
Boulangère
47 ans

Témoignage

Deuxième Décennie

Votre deuxième décennie de malheurs, de tristesse et de douleurs. Douleurs morales, douleurs physiques, et pas des moindres, humiliation. Adolescence refusée, adolescence étouffée comme l'enfance, détruite à chaque fois qu'elle pointait son nez. Une vie que l'on a disséquée et pour laquelle on a pris un malin plaisir, malsain plaisir, à en retirer tous les détails, tous les faits, qui caractérisent l'adolescence, pour pouvoir mieux les piétiner, les salir, les anéantir. Et pourtant, rien ne transparaît chez cette belle femme de 44 ans quand on la voit dans sa vie sociale. Qu'est-ce qui lui a donné cette force ? Ses enfants ? La douleur et le malheur des autres qu'elle a su écouter ?

En tout cas, il faut persévérer dans le courage pour écrire les autres décennies.

Votre boulangère

NOM : Christophe
Photographe
40 ans

Témoignage

Votre haine pour la gent humaine est justifiable. Cependant, il existe quelques hommes avec de grandes qualités humaines et avec les années, je m'aperçois que la vie n'est pas facile ou plutôt une jungle et que nous devons tous nous protéger de façon à subsister dans ce milieu et essayer de construire son propre monde auquel nous aspirons à de vraies valeurs.

NOM : Barlong
Assistante sociale
35 ans

Témoignage

Votre vécu est indéniablement très douloureux. Néanmoins, ces souvenirs ne vous quitteront pas et c'est par ce travail d'écriture et de travail sur vos émotions que vous pourrez vivre « mieux » avec eux ; si tant est que l'on puisse se reconstruire après tout cela.

J'ai envie de croire que le fait de « vomir sur le papier » (comme vous le dites si bien) tous ces souvenirs peut être une première étape vers la reconstruction. Une deuxième étape devrait être celle de la thérapie pour vous permettre enfin de vous aimer.

Continuez à écrire, cela ne peut être que positif.

Bravo d'avoir ce courage, et bon courage.

À très bientôt pour la troisième décennie.

NOM : Monsieur Fortrick
Maître d'armes et entraîneur national
32 ans

Voici avec un léger retard le document que vous m'aviez fait parvenir. La densité du récit oblige à une lecture « homéopathique » tellement les mots sont lourds de sens.

Bon courage.

Élisabeth Léon
Enseignante, conseillère pédagogique et EPS

Dominique,

Je n'ai pu te faire parvenir à la date fixée le retour et le témoignage, car le courrier est resté bloqué chez la gardienne partie en vacances. C'est comme ça par ici. Quoi qu'il en soit, j'ai lu avec beaucoup d'émotions cette adolescence refusée. Comme pour la première décennie, les larmes se sont souvent pointées au coin des yeux et l'envie de crier « Stop ! » plus d'une fois formulée. Alors, comme pour t'accompagner dans ton cheminement d'enfin « dire », « dénoncer », et peut-être te « reconstruire », j'ai continué incrédule perturbée, ressentant ta révolte au creux de mon ventre, moi, femme, mère d'une fille, mais aussi d'un garçon à qui j'ai tant appris sur le respect des femmes.

Certes, je ne suis pas une « Chienne de garde », mais aujourd'hui encore les cités et leurs tournantes prouvent que rien n'a changé.

Continue à écrire, non, ce n'était pas rien ! Oui, tu es quelqu'un de formidable alors poursuis encore et toujours et si l'envie, le besoin de dénoncer cette autre « Falconne » te vient, il faudra reprendre les textes pour alléger la lecture, sans modifier pourtant cette tranche de vie, devrais-je dire « de survie ».

Si tu veux alors, si tu le peux bien sûr, je t'aiderai. Mais là, c'est Toi, Dominique, le Maître, c'est Toi qui décides... Respect !

Je t'embrasse très tendrement.

Merci d'avoir écrit quelques lignes pour François, car cette perle sensible aurait encore porté le poids de la culpabilité masculine !

Si tu veux, viens passer quelques jours chez nous, haut lieu de sérénité.

Tendrement.

Élisabeth.

Imprimé en France
978-2-310-01574-5
Dépôt légal : 4e trimestre 2013